일본·한국·캐나다의 문화 비교로 읽는

일본어한자산책

박 상 현 저

<table>
<tr><td>叩</td><td>두드려라! 열릴 것이다</td><td>難</td><td>국경 넘기의 어려움</td></tr>
<tr><td>宿</td><td>주거는 생존권</td><td>荷</td><td>기우로 끝난 택배</td></tr>
<tr><td>健</td><td>개발 도상국의 흔적</td><td>定</td><td>든든한 후원자</td></tr>
<tr><td>入</td><td>까다로운 입국 심사</td><td>夏</td><td>밴쿠버의 여름</td></tr>
<tr><td>自</td><td>양보는 배려의 시작</td><td>木</td><td>목조 주택의 단점</td></tr>
<tr><td>体</td><td>음식 문화 코드</td><td>英</td><td>영국 문화의 향기</td></tr>
<tr><td>境</td><td>문화적 월경</td><td>園</td><td>일본 정원의 미의식</td></tr>
<tr><td>夜</td><td>새벽을 여는 마음</td><td>気</td><td>맑은 공기는 기본권</td></tr>
<tr><td>交</td><td>스마트 도시</td><td>移</td><td>상호 존중의 이민 사회</td></tr>
<tr><td>心</td><td>엘리트의 덕목</td><td></td><td></td></tr>
</table>

박문사

"이 저서는 2024년도 경희사이버대학교 연구년 지원에 의한 결과임"

브리티시컬럼비아대학교(University of British Columbia)에서 연구년을 보낼 수 있게 도움을 주신 로스 킹(Ross King) 교수님께 감사의 마음을 전합니다. 잉글리시 베이(English Bay)에서 함께 바라봤던 석양을 잊을 수 없습니다. 연구년을 갈 수 있도록 배려해 준 경희사이버대학교에도 이 자리를 빌려 고마움을 표합니다.

일러두기

1. 인터넷 일본어 사전은 '다음(Daum)'에서 도움을 받았습니다.

2. 일본어 표기 중 가타카나(カタカナ)에는 'カモメ(kamome)'와 같이 로마자로 읽기를 표기해 두었습니다.

3. 각각의 절(節)에서는 일본어 한자의 의미와 음독 그리고 훈독을 설명합니다. 또한【더 알고 싶은 일본어 한자어】를 두어 일본어 한자 학습을 심화합니다.

4. 본문에 보이는 1)과 같은 숫자는【더 알고 싶은 일본어 한자어】에서 다루는 어휘를 나타냅니다.

5.【더 알고 싶은 일본어 한자어】에서 다루는 일본어 한자어에는 가능한 한 **JLPT 4급~1급** 같은 표시를 해 두어 해당 한자어의 난이도를 나타냈습니다. 일본어와 한국어에 공통으로 쓰이는 '공용 한자어'만 예시하고자 했습니다만, 그렇지 않은 것도 있습니다.

6. 일본어의 한국어 표기는 외래어 표기법에 따릅니다. 다만 '모찌(餠, もち)'처럼 관습적으로 쓰는 말은 그것을 준용합니다.

7. 가독성을 고려하여 인용한 도서는 본문에서 처리한 후【참고문헌】에서 정리해 두었습니다. 인용한 쪽수는 생략이 원칙입니다만, 구체적으로 드러낼 필요가 있을 때는 쪽수를 표시했습니다.

독자에게 드리는 편지

　이 책은 일본어 한자 읽기에 관한 책입니다. 일본어 초급 과정을 마친 일본어 학습자가 일본어 한자와 일본어 한자어를 배워서 중급이나 그 이상의 일본어 어휘를 익히는 데 도움이 될 것입니다.

　본서는 현재 시판되고 있는 일본어 한자 및 일본어 한자어에 관한 책과는 전혀 다른 구성을 하고 있습니다. 일본과 한국 그리고 캐나다의 문화를 비교하면서 일본어 한자와 일본어 한자어를 배우기 때문입니다. 문화 비교를 통해 일본어 한자와 일본어 한자어를 학습하는 시도를 『타문화 이해와 존중을 위한 일본어한자이야기』(제이앤씨, 2022년)에서 한 적이 있습니다. 그런 의미에서 본서는 전작의 후속편이라고 말할 수 있습니다. 이전 작품과 본서를 함께 읽으면 학습 효과는 더 커질 것으로 생각합니다.

　일본어 문자인 히라가나(ひらがな) 정도만 알고 있어도 이 책을 전부 이해할 수 있고, 내용을 충분히 따라갈 수 있다고 생각합니다. 일본어 문자는 전혀 모르지만, 일본과 한국 그리고 캐나다의 문화 비교 속에서 일본 문화의 특수성을 알고 싶거나, 한국이 지향해야 할 미래상에 관해 관심이 있는 독자라면 일본어나 일본어 문장이 나오는 곳은 그냥 지나쳐도 좋습니다. 문화 비교를 중심으로 본서를 읽어도 최소한의 목적을 달성할 수 있기 때문입니다.

본서가 일본어 한자 읽기에 관심을 가진 독자와 일본 문화의 특수성 및 한국의 미래상에 대해 고민하는 독자에게 조금이나마 참고가 될 수 있기를 기대해 봅니다.

책을 내면서

몇 년 전에 출간한 『타문화 이해와 존중을 위한 일본어한자이야기』(이하, 『일본어한자이야기』)에서 일본어 학습자가 왜 일본어 한자를 알아야 하는지, 어떻게 일본어 한자를 익히는 것이 효과적인지 등에 대해 서술했습니다. 이 졸저에서는 시중에 나와 있는 일본어 한자 학습에 관한 참고서와는 질적으로 다른 새로운 시도를 했습니다. 한번 읽어보면 그 차이점을 느낄 수 있다고 생각합니다.

이번 저서는 전작의 후속입니다. 따라서 『일본어한자이야기』와 같은 점이 있습니다. 에세이와 같이 읽기 쉬운 방식을 취하면서 일본어 한자를 습득할 수 있도록 구성했다는 점입니다. 그러나 차이점이 더 많습니다. 첫째, 앞의 졸저에서는 에세이의 주요 무대가 일본과 한국이었지만, 이번 저서에서는 일본과 한국 그리고 캐나다입니다. 체험 공간이 더 넓어졌다고 볼 수 있습니다. 둘째, 일본과 한국 그리고 캐나다의 문화 비교입니다. 지금까지 한국과 일본에서 시도된 한일 문화 비교나 일한 문화 비교는 어느 한쪽이 기준 혹은 중심이 되어 상대방을 열등하거나 수준이 떨어진다고 간주했습니다. 혹은 거꾸로 상대국을 이상화하여 자국이 추구해야 할 모델이라고 생각하는 경향이 있었습니다. 그러나 동아시아의 일본과 한국, 그리고 영미권의 캐나다를 함께 놓고 한국과 일본의 문화를 비교해 보면, 한일 간의 문화적 유사성과 특수성이 더욱 선명히 보입니다. 동시에 그 특수성을 좀 더 객관적으로 바라볼 수 있습니다. 물론 영미권 대신에 아랍권 등을 넣을 수도 있지만, 여기서는 편의적으로 영미권, 그중에서도 주로 캐나다를 살펴봤습니다. 그리고 이를 통해 일본어 한자와 일본어 한자어를 학습한다는 점입니다. 셋째, 일본어와 한국어에 보이는 '공용 한자어'를 어떻게 바라볼 것인가에 대해 고민해 봤습니다.

그런데 저는 2024년 8월부터 2025년 2월까지 캐나다의 밴쿠버에 있는 브리티시컬럼비아대학교의 아시아학과에서 연구년을 보냈습니다. 이 대학교는 북미의 대학 중에서 일본학 연구와 교육이 왕성하게 이루어지고 있는 대표적인 대학 중의 하나입니다. 캐나다의 대학에서는 최고 수준을 자랑합니다. 그러기에 북미권에서 그리고 이 대학에서 일본어 한자 교육과 학습이 어떻게 진행되고 있는지 궁금했습니다. 연구년을 보내면서 이 대학의 도서관과 구내 서점을 자주 들른 이유입니다. 일본어 한자에 관한 교과서나 참고서는 크게 두 가지로 나눌 수 있었습니다. 하나는 북미권 교수가 저술한 것입니다. 영어로 일본어 한자에 관해 해설했습니다. 다른 하나는 일본에서 출판된 것을 직수입한 것입니다. 여기서는 일본어로 일본어 한자를 설명하고 있었습니다. 브리티시컬럼비아대학교나 북미권 대학교에서 진행하는 일본어 한자 교육과 학습에 대한 사정은 한국의 대학교에서 하는 것과 크게 다르지 않았습니다. 일본어 한자와 일본어 한자어를 그냥 암기하라는 것이었습니다.

그런데 영어권 일본어 학습자는 한국인 일본어 학습자보다 일본어 한자와 일본어 한자어를 습득하는 데 큰 어려움을 느끼고 있다는 것을 실감할 수 있었습니다. 당연한 말이지만 영미권은 한자 문화권이 아니기 때문입니다. 반면에 한국인 일본어 학습자는 영어권 일본어 학습자보다 상대적으로 일본어 한자와 일본어 한자어를 익히는 데 수월할 수 있다는 것을 새삼 느꼈습니다. 물론 한국인도 세대에 따라서 한자에 관한 지식은 상당히 차이가 납니다. 하지만 일본어와 한국어에 공통으로 쓰이는 한자어는 이야기가 좀 다릅니다. 한국어 어휘만큼 일본어 어휘를 알고 있다는 말이 되기 때문입니다. 다시금 새롭게 일본어 한자어와 한국어 한자어에 유사하거나 동일한 한자어가 적지 않다는 것에 주목할 필요가 있다고 생각했습니다.

일본어와 한국어에 비슷하거나 같은 한자어가 있다는 것에 대한 비판적인 시각이 있습니다. 구한말이나 일제강점기 그리고 광복 이후 일본에서 유래한 '일본식 한자어' 혹은 '일본제 한자어'는 순화해야 하거나 폐기해야 한다는 견해입니다. 물론 대체할 수 있는 말은 순화해야 합니다. 다만 의미 변용을 거쳐 일본어의 문맥이 아니라 한국어의 문맥에서 쓰이고 있는 이미 일상어가 된 일본식 한자어를 하루아침에 순화하거나 없애는 것은 쉽지 않습니다. 2023년에 출간한 졸저 『경계의 언어: 우리말 속 일본어』(박문사)에서 '일본식 한자어'에 대해서는 언급하지 않았지만, '고유 일본어'와 '일본식 외래어'를 예시하여 일본어에서 온 어휘를 어떻게 받아들여야 할 것인가에 대해 자세히 서술했습니다.

비판적 시각이 있을 수는 있지만, 한국인 일본어 학습자에게 한국어 한자어와 유사하거나 동일한 일본어 한자어가 있다는 것은 일본어를 습득하는 데 큰 도움이 됩니다. 특히 중급 이상의 일본어 실력을 바라거나 그 이상으로 나아가기 위해서는 일본어 한자어를 반드시 습득해야 하기 때문입니다. 이것은 반대로 일본인 한국어 학습자에게도 그대로 적용됩니다. 일본어와 한국어에 보이는 비슷하거나 동일한 한자어는 한국인 일본어 학습자와 일본인 한국어 학습자에게는 고급 한자어를 배우는 데 도움이 많이 됩니다. 그런 의미에서 한국인에게 일본어는, 반대로 일본인에게 한국어는 다른 외국어보다 접근하기 쉬운 언어임이 분명합니다.

<일본·한국·캐나다의 문화 비교로 읽는 일본어한자산책>은 일본

과 캐나다에서 겪었던 체험을 배경으로 합니다. 즉, 일본과 캐나다로 떠나는 입국 준비와 일본과 캐나다에서 보낸 생활 그리고 한국으로 귀국이라는 큰 흐름 속에서 일본어 한자와 일본어 한자어에 관한 내용을 녹아낼 생각입니다. 졸저를 '일본과 한국 그리고 캐나다의 문화 비교'라는 한 편의 드라마나 에세이라고 생각하면서 일본어 한자와 일본어 한자어를 즐겁게 습득할 수 있으면 좋겠습니다. 서명에 '산책'을 붙인 까닭입니다.

이 책은 3장으로 되어 있습니다. '제1장 일본과 캐나다로', '제2장 일본과 캐나다에서', '제3장 미래 한국의 길목에서'로 구분했습니다. 제1장에는 일본과 캐나다로 떠나는 여정이 그려져 있습니다. 각각의 절(節)은 다음과 같습니다. 제1절 고(叩) : 두드려라! 열릴 것이다, 제2절 난(難) : 국경 넘기의 어려움, 제3절 숙(宿) : 주거는 생존권, 제4절 하(荷) : 기우로 끝난 택배, 제5절 건(健) : 개발 도상국의 흔적, 제6절 정(定) : 든든한 후원자

제2장에서는 일본과 캐나다에서의 일상생활이 묘사되어 있습니다. 각각의 절은 다음과 같이 구성되어 있습니다. 제1절 입(入) : 까다로운 입국 심사, 제2절 하(夏) : 밴쿠버의 여름, 제3절 자(自) : 양보는 배려의 시작, 제4절 목(木) : 목조 주택의 단점, 제5절 체(体) : 음식 문

화 코드, 제6절 영(英) : 영국 문화의 향기, 제7절 경(境) : 문화적 월경, 제8절 원(園) : 일본 정원의 미의식, 제9절 야(夜) : 새벽을 여는 마음

제3장에서는 제가 희망하는 한국의 미래상에 대해 조심스럽게 제언해 보았습니다. 이 장(章)은 일본과 캐나다에서 귀국한 후, 이방인의 눈으로 한국을 바라보고자 했을 때 느낀 점을 정리한 것입니다. 그런 의미에서 어쩌면 제3장이 저에게는 가장 의미 있는 장일지 모릅니다. 각각의 절은 다음과 같이 되어 있습니다. 제1절 기(気) : 맑은 공기는 기본권, 제2절 교(交) : 스마트 도시, 제3절 이(移) : 상호 존중의 이민 사회, 제4절 심(心) : 엘리트의 덕목

각각의 장에서는 그 장의 제목과 관련된 개인적 체험과 사견(私見)을 이야기하면서 주요한 일본어 한자의 음독과 훈독 그리고 사용례를 서술했습니다. 또한 '더 알고 싶은 일본어 한자어' 코너에서는 일본어 한자어의 어휘를 확장합니다. 각 절의 마지막 부분에 '일본어 한자어 체크'를 두어 본서에서 학습한 일본어 한자어를 다시 확인할 수 있도록 했습니다.

이 책의 목적은 일본어 한자와 일본어 한자어를 즐겁게 익히는 데 있습니다만, 거기에 그치는 것은 아닙니다. 일본과 한국 그리고 캐나다의 문화 비교를 통해 한일 간의 문화적 유사성과 특수성을 살펴봄

니다. 그리고 그 특수성을 영미권 문화와의 비교를 통해 좀 더 객관적
으로 바라보고자 합니다.

목차

제1장

일본과 캐나다로

叩　難　宿　荷　健

定　入　夏　自　木

体　英　境　園　夜

気　交　移　心

고(叩)

두드려라! 열릴 것이다

✦

브리티시컬럼비아대학교에서 **연구년**[1]을 보냈습니다. 두 번째 연구년이었습니다. 첫 번째 연구년은 코로나19 때문에 외국으로 나가지 않았습니다. **아쉬웠습니다**[2]. 그래서 다음번 연구년만큼은 꼭 해외로 나가겠다는 계획을 미리 세웠습니다. 이왕이면 일본이 아니라 영어를 **공용어**[3]로 하는 영어권으로 가겠다고 마음먹었습니다. 일본을 **공부**[4]하는 사람은 일본만 연구해서는 일본이 보이지 않고, 일본어만 알아서는 일본어를 제대로 알 수 없다고 생각했기 때문이었습니다.

연구년 준비는 지난하고 힘든 여정이었습니다. 돌이켜보니 연구년으로 떠나기 거의 1년 전부터 영어권 대학을 찾아본 것 같습니다. 영어권이라고 하면 미국과 영국, 캐나다와 오스트레일리아 그리고 뉴질랜드 등이 떠오릅니다. 다른 연구자처럼 처음에는 미국으로 가고 싶었습니다. 미국의 대학에 이메일로 연락을 취해 봤습니다. 전공이 비슷한 교수에게 몇 통의 이메일을 보냈습니다. 답장이 거의 없었습니다. 답신이 오더라도 여러 가지 사정으로 이번에는 받아줄 수 없다는 거절이었습니다. 당연한 결과입니다. 일면식도 없는 저에게 흔쾌히 오라고 하는 것이 오히려 이상하다면 이상합니다. 미국으로 가는 것을 포기했습니다. 당시 미국 달러에 대한 **환율**[5]이 1,400원 정도까지 치솟았던 것도 미국행을 막았습니다.

〈두드릴 고(叩)〉

의미: 두드리다, 때리다

음독: 【こう】

　　　叩門(こうもん)　남의 집에 가서 문을 두드림

훈독: 【たたく】

　　　ドアを叩(たた)く 문을 두드리다, 肩(かた)を叩(たた)く 어깨를 두드리다, 頭(あたま)を叩(たた)く 머리를 때리다

실망이 컸습니다. 쉬운 길을 선택하고 싶은 유혹을 느꼈습니다. 미국의 대학 중에는 연구년으로 받아주는 대가로 약 1,000만 원 정도의 돈을 요구하는 곳도 있었습니다. 한마디로 말하면 대학이 연구년 장사를 하는 것입니다. 미국 서부에 있는 모 대학의 **동아시아연구소**[6] 가 대표적입니다. 이런 곳은 가고 싶지 않았습니다.

왜 미국 대학이 저를 받아주지 않았는지 자기 자신을 되돌아봤습니다. 여러 가지 가능성이 제기됐지만, 저의 전공이 적지 않게 영향을 미쳤다고 생각했습니다. 저는 약 7세기에서 8세기에 성립된 일본에서

가장 오래된 시가집(詩歌集)인 『만엽집(万葉集)』을 연구하여 박사 학위를 받았습니다. 이 시가집에 나오는 노래는 좀 거칠게 말하면 한국 문학의 향가와 비슷하다고 볼 수 있습니다. 학위를 마친 다음에는 **번역**[7]이나 일본의 근현대 문화 등에 관한 글도 썼습니다만, 학위가 고전학(古典學)이기에 자연스럽게 미국 대학의 교수는 일본의 고전학을 어떻게 바라보고 있는지가 궁금했습니다. 그래서 일본의 고전학을 연구하고 있는 미국 교수에게 몇 통의 이메일을 보냈던 것입니다. 사실 더 많은 이메일을 보내고 싶었지만, 제 전공과 일치하는 미국 교수는 손으로 꼽을 만큼 적었습니다. 이런 상황은 한국의 학계도 마찬가지입니다. 아니, 더 심하다고 말할 수 있습니다. 그래도 미국의 대학은 일본을 포함한 동아시아의 고전학 연구에 나름 진심이었습니다. 예컨대 그들 도서관이 소장하고 있는 일본 고전 관련 도서가 한국의 대학보다 많다는 것은 단적인 예가 될 수 있습니다.

전략을 바꾸기로 했습니다. 저는 2023년에 『경계의 언어: 우리말 속 일본어』(박문사)라는 졸저를 냈습니다. 여기서 구한말과 일제강점기 그리고 광복 후에 일본어에서 유래한 '고유 일본어'와 '일본식 외래어'가 한국에서 어떻게 일상어로 자리 잡고 있는지를 의미 변용의 측면에서 자세히 언급했습니다. 이런 내용이라면 **북미**[8]의 대학에 있는 한국어를 전공한 학자가 관심을 보일 수 있을 것 같았습니다. 곧바로 북미의 연구자를 검색해 봤습니다. 눈에 띄는 교수가 있었습니다. 캐나다의 밴쿠버에 있는 공립 대학인 브리티시컬럼비아대학교의 아시아학과에 재직 중인 로스 킹 교수였습니다. 그는 일본어와 한국어를 전공한 후, 한국어로 박사 학위를 받은 연구자로 한국에서도 꽤 지명도가 높은 편이었습니다. 곧바로 이메일을 보냈습니다. 아, 이럴 수가! 놀랍게도 약 10분 정도 지난 후에 답신을 받았습니다. **승낙**⁹⁾의 답장이었습니다.

일본어에 '捨(す)てる神(かみ)あれば拾(ひろ)う神(かみ)あり'라는 표현이 있습니다. 직역하면 '버리는 신이 있으면 주워 주는 신이 있다'가 됩니다. 풀어서 설명하면 자신에게 호의적이지 않은 사람도 있지만, 반면에 호의적인 사람도 있으니 어떤 일이 잘되지 않더라도 너무 **실망**¹⁰⁾하지 말라는 의미입니다. 정말이지 당시 저에게는 딱 들어맞았습니다. 삶을 살아가면서 평소 경구로 삼고 있는 표현 중의 하나입니다.

더 알고 싶은 일본어 한자어

1) **연구년** : 研究年(けんきゅうねん)

'研究(けんきゅう, 연구)'는 JLPT 3급에 해당합니다. '研究発表会(けんきゅうはっぴょうかい, 연구 발표회)', '研究会(けんきゅうかい, 연구회)', '研究所(けんきゅうじょ, 연구소)', '研修(けんしゅう, 연수), '研修旅行(けんしゅうりょこう, 연수 여행)' 같은 표현이 있습니다. '年(ねん)'은 JLPT 4급에 들어가는 기본 한자어입니다. '新年(しんねん, 신년)', '豊年(ほうねん, 풍년)', '年鑑(ねんかん, 연감)' 같은 한자어가 있습니다.

일본에서는 보통 '研究年(けんきゅうねん)'보다는 'サ

バティカル(sabatikaru)'라는 표현을 많이 씁니다. 영어 'Sabbatical'의 일본어 표기입니다. 일본의 대학이 연구년 제도를 도입한 것은 얼마 되지 않습니다. 따라서 일본에 있는 일본인 교수에게 한국에서 시행하는 연구년 제도를 간혹 설명해야 할 때가 있습니다. 예컨대 한국의 대학에서는 보통 3년 근무하면 6개월간, 1년 재직하면 1년간 연구년을 보낼 수 있다는 것을 알려 줘야 했습니다. 여하튼 연구년 동안 국내에 머물 수도 있지만, 이때를 활용하여 해외에 나가 외국 학자와 학문적 교류 및 네트워크를 쌓을 수도 있습니다.

2) **아쉽다** : 残念(ざんねん)

‘残念(ざんねん, 잔념)'은 JLPT 3급에 해당합니다. 일본인은 이 표현을 정말 자주 씁니다. ‘まことに残念(ざんねん)に思(おも)う’ 같은 예문이 대표적입니다. ‘정말 유감스럽게 생각하다’라고 옮길 수 있는데, 여기에는 아쉬움과 미련이 담겨 있습니다. ‘残念(ざんねん)ながら不合格(ふごうかく)だった’도 흔히 쓰는 표현입니다. 여기에는 다소 불만이나 결과를 받아들이지 못하는 심정이 드러납니다. ‘아쉽게도 불합격했다’로 우리말로 옮길 수는 있지만, ‘残念(ざんねん)ながら’를 제대로 번역하기는 쉽지 않습니다.

3) **공용어** : 公用語(こうようご)

공용어란 한 나라 안에서 공식적으로 사용하는 언어입니다. 일본과 한국의 공용어는 각각 일본어와 한국어입니다. 단일 언어 사회입니다. 지금 생각하면 좀 극단적이라는 생각이

들기는 하지만, 일본에서는 한때 일본어가 아니라 영어나 프랑스어를 공용어로 하자는 주장이 진지하게 제기됐었습니다. 정치가이자 외교관이었던 모리 아리모리(森有礼)는 1870년대에 영어를 공용어 곧 국어(国語)로 하자고 주장했고, 근대 문학가인 시가 나오야(志賀直哉)는 일본이 태평양 전쟁에서 패한 후 프랑스어를 국어로 해야 한다고 말했습니다. 2000년대에 들어서는 일본어와 함께 영어를 공용어로 하자는 움직임도 있었습니다. 캐나다가 영어와 프랑스어를 공용어로 하듯이, 일본에서는 일본어와 영어를 동시에 쓰자는 것입니다. 한국에서도 복거일이 『영어를 공용어로 삼자ㅡ복거일의 영어 공용론』(삼성경제연구소, 2003년)에서 영어 공용어에 대해 목소리를 낸 적이 있었습니다. 무엇을 공용어로 하든지 하나의 언어를 공용어로 한다면 단일 언어 사회입니다. 앞에서 언급했듯이 캐나다는 영어와 프랑스어를 공용어로 쓰는 이중 언어 사회입니다. 캐나다에서 총리가 되려면 TV 토론에 참여해야 하는데, 이때 영어와 프랑스어로 자기 주장을 할 수 있어야 합니다. 캐나다의 공식 문서뿐만이 아니라 하다못해 과자 봉투에도 앞면에는 영어가, 뒷면에는 프랑스어가 적혀 있는 것을 흔히 볼 수 있습니다. 하지만 그렇다고 모든 캐나다 사람이 영어와 프랑스어에 능통한 것은 아닙니다. 그렇게 생각하는 것은 착각입니다. 지역에 따라서 영어권과 프랑스어권으로 나뉩니다. 캐나다 서부에 있는 밴쿠버는 영어권이고, 동부에 있는 퀘벡은 프랑스어권입니다. 그런데 한국인이 잘 모르는 사실이 있습니다. 태평양에 면해 있어서 그런지 밴쿠버에는 중국계(대만과 홍콩 포함)나 한국계 그리고 일본계 캐나다인이 적지 않게 살고 있습니다. 그들에게 영어는 공용어이자 모국어이고, 중국어나 한국어 그리고 일본어는 모어에 해당합니다. 따라서 이들은 공적인 장소에서는 영어를 사용하지만, 사적인 곳에서는 그들의 모어를 쓰는 것을 종종 목격할 수 있습니다. 이와 같은 언어생활은 일본이나 한국 같은 단일 언어 사회에서는 좀처럼 상상하기 쉽지 않습니다.

4) **공부 : 勉強(べんきょう)**

'勉強(べんきょう, 면강)'는 JLPT 4급에 해당하는 기본 한자어입니다. '勉強(べんきょう)'가 들어가는 한자어에 '勉強家(べんきょうか, 노력하는 사람)', '受験勉強(じゅけんべんきょう, 수험 공부)', '勉強部屋(べんきょうべや, 공부방)' 등이 있습니다. '공부하다'는 '勉強(べんきょう)する'입니다.

『일본어한자이야기』에서도 언급한 적이 있습니다만, 안타깝게도 일본어 한자와 일본어 한자어를 익히는 데에 왕도는 없습니다. 그렇다고 효과적인 방법이 없는 것은 아닙니다. 관심 있는 책이나 잡지 혹은 동영상 콘텐츠를 즐겁게 접하다 보면, 실력이 조금씩 향상되고 있다는 것을 느낄 수 있습니다. 꾸준히 하는 것이 최고입니다.

5) **환율 : 為替(かわせ)レート**

'為替(かわせ, 위체)'는 JLPT 2급에 들어가는 고급 한자

어입니다. '為替(かわせ)レート(re-to)'를 간단히 'レート'라고
도 말합니다. 'レート'는 영어 'Rate'에서 온 말입니다.

　　연구년을 떠나기 전에도, 연구년을 보낼 때도 가장 민감하
게 살펴본 것이 환율이었습니다. 같은 한화(韓貨)라고 하더
라도 환율에 따라서 캐나다 달러가 달라지기 때문입니다. 캐
나다에 있을 때였습니다. 여느 때처럼 아침에 일어난 후에 노
트북을 열어서 뉴스를 봤습니다. 군인이 국회에 난입하는 사
진이 보였습니다. 동남아인에게는 너무 미안한 말이지만, 당
시 저는 '동남아의 어느 나라에서 쿠데타가 일어났나?'라고
생각하고는 별 관심을 보이지 않고 그냥 지나쳤습니다. 이후
항상 그랬던 것처럼 원-캐나다 달러의 환율을 검색해 봤습니
다. 깜짝 놀랐습니다. 환율이 급등하고 있었기 때문입니다.
순간 '왜 이러지?'하고 생각했습니다. 이해가 가지 않았습니
다. 한국 경제도 좋지는 않지만, 캐나다 경제도 말이 아닌데,
왜 환율이 갑자기 올라가고 있는지 이해가 되지 않았습니다.
그때 좀 전에 지나쳤던 신문 사진이 생각났습니다. 다시 자세
히 살펴봤습니다. 한국의 국회 사진이었습니다. 환율이 경제
적인 요소뿐만이 아니라 정치적인 요인에 의해서도 크게 변동
할 수 있다는 것을 직접 체험하는 순간이었습니다.

6) **동아시아연구소** : 東(ひがし)アジア研究所(けんきゅうじょ)

　　'東(ひがし, 동)'는 JLPT 4급, 'アジア(azia)'는 JLPT 2급
에 해당합니다.

　　'東(ひがし)アジア'에는 한국과 일본 그리고 중국 등이 포

함됩니다. 그런데 이 말에는 유럽 중심의 시각이 들어 있습니다. 그들이 보기에 위의 세 나라는 동쪽에 있기 때문입니다. 여하튼 캐나다나 미국과 같은 북미의 대학에는 동아시아연구소라는 곳이 적지 않게 있습니다. 주로 한국과 일본 그리고 중국을 연구하는 곳입니다. 최근에는 K컬처의 영향으로 한국에 관한 관심이 고조되고 있는 것은 사실입니다만, 아직도 동아시아라고 하면 중국과 일본의 비중이 큽니다. 여기에는 여러 가지 이유가 있을 수 있지만, 중국과 일본 정부 및 이들 국가의 기업이 북미의 대학에 적극적으로 경제적인 지원을 하고 있다는 것도 **빼놓**을 수 없습니다. 한국에 시사하는 바가 큽니다.

7) **번역** : 翻訳(ほんやく)

JLPT 3급에 들어갑니다. '翻訳家(ほんやくか, 번역가)', '翻訳小説(ほんやくしょうせつ, 번역 소설)' 등이 있습니다. '번역하다'는 '翻訳(ほんやく)する'입니다. '訳(やく)する'라고도 말할 수 있습니다.

일본의 근대는 '번역의 근대'라는 말이 있습니다. 그만큼 외국에서 나온 출판물을 **빠르**게 그리고 잘 번역하여 일본에 알렸다는 뜻입니다. 한국의 근대는 '이중 번역의 근대'라고 부를 수 있습니다. 물론 당시 일본어를 잘 알았던 조선의 식민지 지식인은 번역 없이 일본어로 된 책을 그대로 읽었습니다. 하지만 일본어를 잘 몰랐던 독자는 외국어에서 일본어로, 그리고 다시 일본어에서 우리말로 옮겨진 것을 접했습니다.

이중 번역입니다. 이중 번역에 대해 대단히 비판적인 견해가 있습니다. 그래서 원본을 직접 봐야 한다고 말합니다. 일리가 없는 것은 아닙니다. 하지만 그렇다고 모든 독자가 영어나 독일어 혹은 프랑스어 등을 배워서 원본을 봐야 할까요? 이것은 학자의 일이라고 생각합니다. 일반 독자에게는 그럴 시간과 여력이 없습니다. 이중 번역이라도 한국어로 옮겨진 것을 읽을 수 있다면 되는 것이 아닐까요? 다행스러운 것은 요즘에는 이중 번역이 별로 없다는 것입니다. 뿐만이 아닙니다. 챗GPT나 파파고 같은 AI 번역기를 활용하면 어느 나라의 언어로 쓰인 것이라도 손쉽게 읽을 수 있습니다. 'AI 시대의 번역'에 대해 고민해야 할 때가 된 것 같습니다.

8) **북미** : 北米(ほくべい)

'北米(ほくべい)'가 들어가는 표현에 '北米大陸(ほくべいたいりく, 북미 대륙)'가 있습니다. '北米(ほくべい)'의 반의어는 '南米(なんべい, 남미)'입니다.

북미라고 하면 미국, 캐나다, 멕시코, 과테말라, 쿠바 등을 가리킬 수 있습니다. 하지만 협의의 의미로는 미국과 캐나다를 의미하고, 더 좁히면 미국만을 뜻합니다. 『일본어한자이야기』에서 이미 언급했습니다만, 반복해서 말씀드립니다. 미국의 일본어 한자어는 '美国'이 아니라 '米国(べいこく)'입니다. 일본이 미국을 말할 때 '쌀 미(米)'를 써서 '米国(べいこく)'라고 나타낸 것은 미국이 쌀을 대량으로 생산하기 때문이 아닙니다. 쌀과는 전혀 관련이 없습니다. 예전에 일본인은 미국을 '亞米利加'라고 표기하고, 'あめりか'라고 읽었습니다. 곧 '亞米利加'라는 표기는 한자의 뜻과는 무관합니다. 일자일음(一字一音) 곧 한자의 음(音)을 빌려서 'America'를 '亞米利加'라고 표기했을 뿐입니다. 이후 '亞米利加'를 줄여서 '米国(べいこく)'라고 하거나 가타카나로 'アメリカ(amerika)'라고 표기했습니다. 곧 '쌀 미(米)'의 음독인 'べい'에 '나라 국(国)'의 음독인 'こく'를 붙여서 '米国(べいこく)'로 한 것입니다.

9) **승낙** : 承諾(しょうだく)

JLPT 1급에 해당합니다. 대표적인 예문에 '親(おや)の承諾(しょうだく)を得(え)る' 곧 '부모님의 승낙을 얻다'가 있습니다. '依頼(いらい)を承諾(しょうだく)する'라는 표현도 자주 씁니다. '의뢰를 승낙하다'입니다.

10) **실망** : 失望(しつぼう)

자주 쓰는 표현입니다. 동사로 하면 '失望(しつぼう)する' 곧 '실망하다'가 됩니다. 이 표현과 더불어 일상 회화에서는 'がっかりする'라는 말을 흔히 사용합니다. 알아 두면 유용하게 쓸 수 있습니다. 어떤 것에 '실망했다'라고 말하고 싶을 때 'がっかりした'라고 하면 됩니다.

肩(かた) 어깨, 頭(あたま) 머리, 研究(けんきゅう) 연구, 研究会 (けんきゅうかい) 연구회, 研究所(けんきゅうじょ) 연구소, 研修 (けんしゅう) 연수, 研修旅行(けんしゅうりょこう) 연수 여행, 研究 発表会(けんきゅうはっぴょうかい) 연구 발표회, 新年(しんね ん) 신년, 豊年(ほうねん) 풍년, 年鑑(ねんかん) 연감, 残念(ざん ねん) 아쉽다, 公用語(こうようご) 공용어, 勉強(べんきょう) 공부, 勉強家(べんきょうか) 노력하는 사람, 受験勉強(じゅけんべん きょう) 수험공부, 勉強部屋(べんきょうべや) 공부방, 為替(かわ せ)レート 환율, 東(ひがし)アジア研究所(けんきゅうじょ) 동아 시아연구소, 翻訳(ほんやく) 번역, 翻訳家(ほんやくか) 번역가, 翻訳小説(ほんやくしょうせつ) 번역 소설, 北米(ほくべい) 북미, 北米大陸(ほくべいたいりく) 북미 대륙, 南米(なんべい) 남미, 米国(べいこく) 미국, 承諾(しょうだく) 승낙, 失望(しつぼう) 실망

난(難)

국경 넘기의 어려움

❀

　해외에 나가기 위해 비자를 준비했던 적이 있었습니다. 일본 **유학**[1]을 갔을 때였습니다. 벌써 20여 년 전의 일입니다. 기억이 정확한지 모르겠지만 비자 신청을 위해 필요했던 것은 입학 허가서, 건강 검진 증명서, 잔액 증명서 정도였던 것 같습니다. 복잡하지도 어렵지도 않았습니다. 정작 힘들고 괴로웠던 것은 일본에서 비자를 연장할 때였습니다. 비자를 갱신하기 위해서는 출입국 관리 사무소에 가야 했습니다. 지금은 어떤지 잘 모르겠지만, 저를 포함한 많은 한국인 유학생이 여기서 **차별**[2]을 경험했습니다. 영미권에서 온 유학생과 비교하면 한국 등 아시아권에서 공부하러 온 유학생에 대한 직원의 태도는 늘 차가웠습니다. 비유가 적절한지 모르겠지만, 공항에서 입국 심사를 받는 느낌이었습니다. 불법 **이민**[3]을 감시하는 듯한 질문 공세를 받아야 했습니다. 여자 유학생 중에는 울면서 출입국 관리 사무소를 나오는 학생이 있었던 것은 모두 그런 이유 때문이었습니다. 유학을 그만두고 싶은 심정이었습니다.

30년 가까운 세월이 지난 후에 해외에서 장기 체류를 하게 됐습니다. 감사하게도 캐나다로 연구년을 갈 수 있게 된 것입니다. 연구년을 보낼 대학이 정해졌지만, 아직 준비할 것이 태산 같았습니다. **여권**[4] 만기일을 확인했습니다. 충분했습니다. 8월 초 출발이었습니다. 비행기표를 샀습니다. 캐나다로 여행을 떠나는 사람이 많은 8월이어서 그런지, 비싸도 너무 비쌌습니다. 당시는 비행기표가 왜 그렇게도 비싼지 잘 이해가 가지 않았습니다. 밴쿠버의 여름을 경험하고 나서야 겨우 알게 됐습니다. 여름이 너무 **환상적**[5]이었습니다. 세계적으로 살기 좋은 도시 중의 하나로 언제나 밴쿠버가 선정되는 이유를 알 수 있었습니다. 그런데 중요한 문제가 남아 있었습니다. 입국 허가서인 **사증**[6] 곧 비자(Visa)였습니다.

한국인은 캐나다에서 6개월간 무비자로 머물 수 있습니다. 따로 비자를 신청하지 않아도 6개월은 머물 수 있었습니다. 하지만 연구년으로 가기 때문에 연구년을 보낼 브리티시컬럼비아대학교의 아시아학과에 비자에 관해 문의했습니다. 그쪽에서 비자 취득에 필요한 서류를 자세히 알려 주었습니다. 이력서에 해당하는 CV(Curriculum Vitae), 연구 계획서, **잔액**[7] 증명서, 최종 학위 증명서, 건강 검진 증명서 등 지금 생각해도 머리가 아플 정도였습니다. 며칠 해외여행 가는 것과는 차원이 달랐다. **국경**[8] 넘기가 이렇게 어려운지 몰랐습니다.

<어려울 난(難)>

의미: 어렵다

음독: 【なん】

難関(なんかん) 난관, 難問(なんもん) 난문, 困難(こんなん) 곤란, 至難(しなん) 지난

훈독: 【むずかしい】

難(むずか)しい 어렵다

캐나다 입국을 준비하면서 비자 신청을 그만두고 싶은 심정이었습니다. 정말 그랬습니다. 물론 일본에서 비자를 갱신할 때와는 사유가 달랐습니다. 차별을 느껴서 그런 것이 아니었습니다. 준비할 서류와 신경 쓸 것이 많아도 너무 많았기 때문이었습니다. 일본으로 유학을 갈 때는 **독신**[9]이었기에 저와 관련된 서류만 준비하면 됐습니다. 그러나 지금은 가족이 움직이는 것이었습니다. 아내와 두 아이에 관한 증빙 서류가 많이 필요했습니다.

아내가 가족이라는 것을 증명하기 위해서는 영문으로 된 가족 관계 증명서가, 아이가 친자임을 입증하기 위해서는 영문으로 된 출생 증명서가 각각 필요했습니다. 아이들에게는 이 밖에도 더 많은 것이 요구됐습니다. 재학 증명서, 생활 기록부 등을 영문으로 준비해야 했습니다. 재학 증명서는 영문으로 발급할 수 있었지만, 생활 기록부는 그렇지 않았습니다. 영문 공증도 받아야 했습니다. 두 딸이 캐나다에 있는 기간을 유학으로 인정받기 위해 요구되는 서류를 아이들이 다니는

학교에 각각 제출해야 했습니다.

바자는 국내에서 받을 수도 있었고, 밴쿠버의 공항에서 받을 수도 있었습니다. 알아보니 예전에는 국내에서 받은 후 입국했던 것 같았습니다. 브리티시컬럼비아대학교의 아시아학과에 문의했더니 밴쿠버 공항에서 직접 받으라는 연락이 왔습니다. 불안했지만 그렇게 할 수밖에 없었습니다.

우연한 기회에 브리티시컬럼비아대학교의 아시아학과에서 연구년을 지내고 있는 교수를 알게 됐습니다. 그의 말에 따르면 비자는 밴쿠버 공항에서 받는 것이 최근의 추세라는 것이었습니다. 다만 이 때 주의해야 할 것은 비자를 신청할 때 직원 가운데 뚱뚱하고 키가 큰 **백인**[10)]직원은 절대로 피하라는 것이었습니다. 이 심사관은 동반 가족에게 비자를 주지 않기로 악명이 높기 때문이라고 했습니다. 입국하는 날이었습니다. 공항에서 비자를 신청할 때 주의할 인물이었던 그는 당일 휴일이었는지 근무하지 않았습니다. 천우신조였습니다.

더 알고 싶은 일본어 한자어

1) **유학** : 留学(りゅうがく)

JLPT 2급에 들어갑니다. '留学(りゅうがく)'는 외국에 나가서 공부하는 것을 의미합니다. '국비 유학'은 '国費留学(こくひりゅうがく)', '사비 유학'은 '私費留学(しひりゅうがく)'라고 말합니다. 또한 해외가 아니더라도 타지에서 머무르면서 공부할 때도 이 말을 사용합니다.

일본어에 '山村留学(さんそんりゅうがく, 산촌 유학)'라는 표현이 있습니다. 도시에서 생활하던 초등학생이나 중학생이 좀 오랜 기간에 걸쳐 도심을 떠나 농어촌이나 산촌에서 생활하는 것을 일컫는 말입니다. 한국에서도 얼마 전부터 '산촌 유학'이라는 말을 사용하기 시작했는데, 이 표현은 일본에서 유래했을 가능성이 큽니다. 캐나다의 밴쿠버시(City of Vancouver) 인구는 약 70만 명 정도입니다. 인구 950만 명에 가까운 서울시와 비교하면 시골 같은 느낌입니다. 서울에서 초등학교에 다녔던 아이가 밴쿠버시에 있는 초등학교에 등교하게 되면 첫인상이 '山村留学(さんそんりゅうがく)' 같다는 느낌일 것입니다. 그리고 실제로 가 보면 정말 그렇습니다.

2) **차별** : 差別(さべつ)

'人種差別(じんしゅさべつ, 인종 차별)'와 '差別関税(さべつかんぜい, 차별 관세)' 같은 표현이 있습니다.

저의 지론은 '차별을 받아 봐야 차별하면 안 된다는 것을 절실히 느낄 수 있다'입니다. 이런 차별을 실감할 수 있는 좋은 장소 중의 하나가 바로 해외입니다. 일본에서 공부할 때 석사 과정 입학시험에 두 번이나 떨어졌습니다. 특히 두 번째 입시에서는 차별을 느꼈습니다. 함께 시험을 치렀던 학생은 영국에서 온 학생이었습니다. 오만한 말일지도 모르겠습니다만, 일본어나 전공 실력에서 저보다 우수하다는 생각은 해 보지 못했습니다. 그러나 그는 합격했고, 저는 떨어졌습니다.

객관적인 실력도 실력이지만, 영국 유학생이라는 것이 적지 않게 플러스로 작용했다고 생각합니다. 물론 이것은 저의 착각일 수 있지만 말입니다. 그런데 차별이라는 느낌은 상대적인 것 같습니다. 저와 함께 공부했던 일본인 대학원생들은 유학생과 비교해서 자신들이 차별을 당하고 있다고 말했습니다. 왜냐하면 자기들은 장학금을 받으면 취직한 후에는 받은 장학금 액수만큼 또는 거기에 이자까지 붙여서 국가에 갚아야 하는데, 유학생은 그럴 의무가 없었기 때문입니다. 일본의 대학원생들이 받는 장학금은 대개 학자금 대출 같은 성격이었습니다. 예컨대 아내는 일본에서 대학과 대학원을 다녔는데, 그때 장학금 곧 학자금 대출을 받았습니다. 취직한 후 10여 년에 걸쳐서 장학금을 모두 국가에 반납했습니다.

3) **이민 : 移民(いみん)**

　　JLPT 1급에 해당하는 고급 한자어입니다. '移民(いみん)'이 들어가는 한자어에 '移民法(いみんほう, 이민법)'가 있습니다.

　　유학했을 때 친하게 지내던 재일 교포가 몇 명 있었습니다. '재일'은 일본어로 '在日(ざいにち)'라고 합니다. 주의해야 할 것은 일본에서는 이 '在日(ざいにち)'라는 말이 종종 차별어로 쓰인다는 것입니다. 재일 교포는 자의 반 타의 반으로 일본에 오게 된 경우가 적지 않습니다. 광복 후 또는 최근에 일본에 이주하는 한국인은 뉴커머(New Comer)라고 부릅니다. 전통적인 재일 교포와 구분하기 위해서 그렇게 부르고 있습니다. 유

학했던 1990년대 말이나 2000년 초까지만 하더라도 한국에서 일본으로 이주하려는 사람은 있었어도 그 반대는 거의 찾아보기 힘들었습니다. 하지만 지금은 한국에 살고 싶다는 일본인도 생기고 있다고 합니다. 격세지감입니다. 캐나다는 이민 국가입니다. 이민자가 폭증함에 따라서 주거와 일자리 등의 문제가 불거져 최근에는 이민을 제한하려는 움직임이 없지는 않지만, 캐나다는 이민자가 없으면 국가 운영이 어렵다고 생각합니다. 이민자에는 한국인도 적지 않습니다. 영어 교육과 일자리 때문에 캐나다로 이민을 오는 경향이 있는 것 같습니다.

4) **여권** : 旅券(りょけん)

'여권'은 '旅券(りょけん)'이라고 말할 수 있습니다만, 보통 'パスポート(pasupo-to)'라고 합니다. 영어 'Passport'의 일본식 발음입니다.

일본 여권의 앞쪽 표지에는 꽃문양이 새겨져 있습니다. 무슨 꽃일까요? 벚꽃(桜, さくら)이 아닙니다. 국화(菊, きく)입니다. 국화가 일본 황실의 문장(紋章)이기 때문입니다. 캐나다 여권은 어떨까요? 맞습니다. 단풍나무(Maple)의 꽃잎이 그려져 있습니다.

5) **환상적** : 幻想的(げんそうてき)

직역하면 '幻想的(げんそうてき)'가 됩니다만, 이 문맥에서는 쓰지 않습니다. 'ファンタスティック(fantasutikku)' 곧 영어 'Fantastic'의 일본식 표기를 사용합니다. '幻想的(げんそうてき)'라고 하면 현실과 동떨어진 세계를 말하지만, 'ファン

タスティック'이라고 하면 '꿈같이 멋진'이라는 느낌이 들어 갑니다.

일본의 여름은 고온 다습합니다. 사우나탕과 같습니다. 그래서 저는 여름에 일본으로 여행 가는 것을 권하지 않습니다. 개인적인 견해입니다만 차라리 겨울이 낫다고 생각합니다. 특히 2024년 여름은 지독했습니다. 굳이 여름에 간다면 홋카이도(北海道)가 좋습니다. 캐나다의 밴쿠버와 비슷하기 때문입니다. 밴쿠버의 여름은 환상적입니다. 이 계절은 건기에 해당하여 비가 거의 내리지 않습니다. 게다가 건조합니다. 기온은 25도 정도입니다. 천국에 여름이 있다면 밴쿠버와 같은 여름이라고 상상해 봅니다.

6) **사증** : 査証(さしょう)

'査(さ)'가 들어가는 한자어에는 '査察(ささつ, 사찰)', '検査(けんさ, 검사)', '審査(しんさ, 심사)', '捜査(そうさ, 수사)', '調査(ちょうさ, 조사)', '踏査(とうさ, 답사)' 등이 있습니다. 사증은 '査証(さしょう)'입니다만, 이 말보다는 'ビザ(biza)'라는 표현이 일반적입니다. 영어 'Visa'의 일본어 표기입니다. 'ビザがおりる'는 '비자가 나오다'입니다.

'2025년 여권 파워 상위'에 일본은 2위를 차지했습니다. 무려 193개국을 무비자로 입국할 수 있습니다. 1위는 싱가포르로 195개국, 3위는 한국으로 192개국입니다. 캐나다는 몇 위일까요? 7위입니다. 188개국이 무비자입니다. 베트남을 여행할 때 한국인은 무비자입니다만, 캐나다인은 바자를 신청해야 합니다.

7) **잔액** : 残高(ざんだか)

　　일본어 한자어에 잔액(残額, ざんがく)이 있습니다만, 잔액 증명서라고 할 때에는 일본어로 '残高証明書(ざんだかしょうめいしょ, 잔고 증명서)'라고 해야 합니다.

　　일본에 유학 갈 때나 캐나다에서 연구년을 보낼 때, 이들 국가가 잔액 증명서를 요구하는 것은 일본이나 캐나다에서 생활할 수 있는 충분한 자금을 상대방이 가지고 있는가를 확인하기 위해서입니다. 불법 취업 등을 미리 방지하려는 의도입니다.

8) **국경** : 国境(こっきょう)

　　JLPT 2급에 해당하는 한자어입니다. '国境(こっきょう)'가 들어가는 표현으로 '国境紛争(こっきょうふんそう, 국경 분쟁)'가 있습니다.

　　일본의 근대 작가에 가와바타 야스나리(川端康成)가 있습니다. 1968년에 일본에서 최초로 노벨문학상을 수상했습니다. 대표작으로 『설국』곧 『雪国(ゆきぐに)』가 있습니다. 잘 알려져 있듯이 이 소설은 '国境(くにざかい)の長(なが)いトンネル(tonneru)を抜(ぬ)けると雪国(ゆきぐに)であった。夜(よる)の底(そこ)が白(しろ)くなった'로 시작합니다. '국경의 긴 터널을 빠져나오니 설국(눈 고장)이었다. 밤의 밑바닥이 하얘졌다'로 번역하곤 합니다. 그런데 일본어 원문에 나오는 '国境'이라는 한자어는 'こっきょう'가 아니라 'くにざ

かい'로 읽어야 합니다. '国境'을 'こっきょう'라고 읽으면, 국가와 국가의 경계를 말합니다. 예컨대 육로로 이어져 있는 캐나다와 미국의 국경처럼 말입니다. 하지만 '国境'을 'くにざかい'라고 읽으면 전혀 뜻이 다릅니다. 충청도와 전라도 혹은 강원도와 경상도의 경계를 의미합니다. 따라서 『설국』에 나오는 '国境(くにざかい)'의 터널은 군마현(群馬県)과 니가타현(新潟県)의 경계를 통과하는 터널을 말합니다. 예전의 번역서는 '国境(くにざかい)の長(なが)いトンネル(tonneru)'를 '국경의 긴 터널'이라고 번역했지만, 최근에는 '긴 터널을 지나 지방 경계'라고 옮기고 있습니다(이강룡 『번역자를 위한 우리말 공부』 유유, 2014년, 85쪽). 저는 실제로 이 터널을 뚫고 '설국' 곧 눈이 많이 내리는 지역인 '눈 고장'의 니가타현으로 들어간 적이 있었습니다. 터널을 통과하자 소설처럼 하얀 눈의 세계가 펼쳐졌습니다. 눈이 많이 내리지 않은 군마현에서 어두운 터널을 지나서 눈이 많이 내리는 니가타현으로 들어가는 순간의 색의 대비를 묘사한 것이 바로 '夜(よる)の底(そこ)が白(しろ)くなった'인 '밤의 밑바닥이 하얘졌다'라고 저는 생각합니다.

9) **독신** : 独身(どくしん)

JLPT 2급의 어휘입니다. 대표적인 예문으로는 '一生(いっしょう)独身(どくしん)で過(す)ごす' 곧 '평생 독신으로 지내다'가 있습니다. '独身生活(どくしんせいかつ, 독신 생활)', '独身主義者(どくしんしゅぎしゃ, 독신주의자)'도 자주

쓰는 어휘입니다. 그런데 우리와 달리 '독신'을 '独身者(どくしんしゃ)' 곧 '독신자'라고도 말합니다. 독신과 함께 '単身(たんしん, 단신)'이라는 말도 알아 두면 유익합니다. 한국어에는 없는 말입니다. 널리 사용되는 한자어로 '単身赴任(たんしんふにん, 단신 부임)'이 있습니다. 결혼한 사람이 생계를 위해 가족과 떨어져서 홀로 타지에서 생활하는 것을 말합니다. '独(ひと)り暮(ぐ)らし'도 필수 어휘입니다. '혼자 살기'라는 뜻입니다.

10) **백인 : 白人(はくじん)**

　피부색을 기준으로 거칠게 구분한 것으로 '흑인'은 '黒人(こくじん)'이라고 합니다. 일본에서는 근대 초기에 백인과 결혼하여 일본인을 개량하자는 주장이 있었습니다. 일본인이 체력적으로 서양인에 뒤진다고 생각에서 나온 극단주의적 발상입니다. 이 주장에는 당시 유행했던 우생학적 이데올로기가 작동했습니다. 그런데 캐나다에 와서 느낀 것은 백인에게도 흑인에게도 여러 가지 피부색이 있다는 것이었습니다. 피부색으로 사람을 구분한다는 것이 얼마나 편의적이고 폭력적인 것인가를 깨달았습니다. 백인 혹은 흑인이라는 호칭은 애초부터 정치적인 명명이었다고 생각합니다.

難関(なんかん) 난관, 難問(なんもん) 난문, 困難(こんなん) 곤란, 至難(しなん) 지난, 査察(ささつ) 사찰, 検査(けんさ) 검사, 審査(しんさ) 심사, 捜査(そうさ) 수사, 調査(ちょうさ) 조사, 踏査(とうさ) 답사, 留学(りゅうがく) 유학, 国費留学(こくひりゅうがく) 국비 유학, 私費留学(しひりゅうがく) 사비 유학, 山村留学(さんそんりゅうがく) 산촌 유학, 差別(さべつ) 차별, 人種差別(じんしゅさべつ) 인종 차별, 差別関税(さべつかんぜい) 차별 관세, 移民(いみん) 이민, 移民法(いみんほう) 이민법, 在日(ざいにち) 재일, 旅券(りょけん) 여권, 幻想的(げんそうてき) 환상적, 査証(さしょう) 사증, 残高(ざんだか) 잔액, 残高証明書(ざんだかしょうめいしょ) 잔액 증명서, 国境(こっきょう) 국경, 国境(くにざかい) 지방 경계, 国境紛争(こっきょうふんそう) 국경 분쟁, 雪国(ゆきぐに) 설국, 独身(どくしん) 독신, 独身生活(どくしんせいかつ) 독신 생활, 独身主義者(どくしんしゅぎしゃ) 독신주의자, 独身者(どくしんしゃ) 독신자, 単身(たんしん) 단신, 単身赴任(たんしんふにん) 단신 부임, 独(ひと)り暮(ぐ)らし 혼자살기, 白人(はくじん) 백인, 黒人(こくじん) 흑인

숙(宿)

주거는 생존권

❁

일본 유학 시절에 월세를 처음 경험했습니다. 월세는 휴대폰 통신 요금과 같은 고정비이기에 줄여야 마땅한 지출 항목입니다. 첫해는 대학의 **기숙사**[1]였기에 한 달에 12,000엔(한화로 약 12만 원)을 냈습니다. 당시에도 정말 말도 안 되는 **저렴**[2]한 비용이었습니다. 2년째부터는 일본식 아파트와 맨션을 오가며 지냈습니다. 대략 30,000엔(한화로 약 30만 원) 정도였습니다. 일본의 렌트는 한국과 다른 점이 있습니다. '敷金(しききん, 부금)'이라는 보증금이 있다는 것은 한국과 같았습니다. 그런데 '礼金(れいきん, 예금)'이라는 것이 있었습니다. 보통 월세의 1개월분을 **지불**[3]합니다. '大家(おおや, 대가)' 곧 집주인에게 집을 빌려준 **사례**[4]로 그냥 주는 돈입니다. 인구가 급증하여 주택 사정이 좋지 않았을 때 생겼던 관례라고 합니다. 제가 유학했던 홋카이도는 주택 사정이 비교적 좋은 편이어서 '礼金(れいきん)'이 없는 곳도 있었습니다. 다만 이런 곳은 방 상태가 좋지 않은 경우가 허다했습니다. 햇볕이 잘 들지 않거나 욕조가 없거나 공동 화장실이거나

그랬습니다. 한마디로 입주자에게 인가가 없는 곳이 대부분이었습니다.

캐나다에서 두 번째 월세 경험을 했습니다. 연구년을 준비하면서 이와 관련된 **서적**[5]을 몇 권 읽었습니다. 특히 기억에 남는 것은 김재원과 그의 딸인 김지민이 함께 지은『아이를 외국 학교에 보내기로 했다면』(웅진서가, 2015년)과 박기현의『대학교수 고위공무원의 1년 연수 잘 다녀오는 방법』(비피기술거래, 2017년) 그리고 박은정의『아이와 간다면, 캐나다』(길벗, 2022년) 등입니다. 앞의 두 저서에는 미국에 관한 정보가, 뒤의 책에는 캐나다에 대한 자료가 담겨 있었습니다. 이들 저서를 통해 연구년 준비에서 가장 중요한 것은 살 집을 구하는 것임을 알게 됐습니다. 빌릴 곳을 빨리 정하는 것입니다. 집이 정해지면 약 80% 정도가 해결된 것이라고 합니다. 나중에 알았지만 정말 맞는 말이었습니다.

할리우드 **배우**[6] 안젤리나 졸리(Angelina Jolie)의 아들이 한국으로 유학 왔을 때, 그는 한국에 전세가 있다는 것에 깜짝 놀랐다고 합니다. 처음에 목돈이 들어가기는 하지만 나중에 그 돈을 전부 되돌려 받을 수 있기 때문입니다. 달리 말하면 일본 혹은 캐나다 등의 북미에서는 렌트는 월세를 의미합니다. 주거 형태가 자가 또는 월세밖에 없는 것입니다. 전세 제도는 한국에만 있다고 합니다.

〈묵을 숙(宿)〉

의미: 묵다, 깃든다

음독:【しゅく】

下宿(げしゅく) 하숙, 宿泊(しゅくはく) 숙박, 宿敵(しゅくてき) 숙적(오래전부터의 적수 혹은 원수), 寄宿舎(きしゅくしゃ) 기숙사

훈독:【やど】

宿(やど)を取(と)る 숙소를 정하다, 宿(やど)をかりる 숙소를 빌리다, 宿(やど)を予約(よやく)する 숙소를 예약하다, 仮(かり)の宿(やど) 임시 거처

【やどる】

健全(けんぜん)なる精神(せいしん)は健全(けんぜん)なる肉体(にくたい)に宿(やど)る 건전한 정신은 건전한 몸에 깃든다

앞에서 언급했듯이 캐나다를 포함하여 북미에서는 전세는 없고 월세만 있습니다. 그 점은 일본과 같습니다. 다른 점은 집주인인 임대인에게 임차인이 사례금인 '礼金(れいきん)'을 주지 않아도 된다는 것입니다. 그런데 이런 장점을 상쇄하고도 남는 단점이 있습니다. 바로 렌트비입니다. 비싸도 너무 비쌉니다. 일본의 동경(東京)도 비싸다고는 하지만 밴쿠버시를 비롯한 북미의 **서부**[7] 지방, 예를 들면 로스앤젤레스나 샌프란시스코 같은 곳은 코로나19 이후 렌트비가 폭등했습니

다. 상상을 초월합니다. 밴쿠버시의 집값이 폭등한 데에는 두 가지가 크게 작용했습니다. 첫째, 몇 년 사이에 이민자를 대거 받아들여서 렌트 수요는 폭증했는데 주택 공급은 이에 따르지 못했기 때문입니다. 둘째, 중국계 이민자가 주택을 대량으로 사들여 집값을 올려놓았기 때문입니다. 이들 중국계 이민자의 주택 구매는 우리의 상상을 초월합니다. 밴쿠버에서 알게 된 한국계 캐나다인이 있습니다. 변호사인데 그의 말에 따르면, 중국계 이민자 중에는 현금을 다발로 가지고 와서 아파트나 콘도 한 동(棟)을 통째로 구입하는 사람도 있다고 했습니다. 또한 이런 부류의 사람들은 중국 공산당원이고, 주택 구입을 통해 돈세탁도 한다고 말했습니다.

밴쿠버시의 렌트비는 지역에 따라 다소 다르기는 하지만, 보통 방 두 개에 화장실 하나 정도의 주택은 캐나다 달러로 월 3,000달러(한화로 약 300만 원) 정도나 합니다. 물론 그 이상도 적지 않습니다.

이런 사실을 목도하고 고민을 많이 했습니다. 그래서 브리티시컬럼비아대학교에서 연구년을 보내고 있는 모(某) 교수에서 가족 기숙사에 관한 정보를 문의했습니다. 그는 세인트 앤드류 홀(St. Andrew's Hall)을 소개해 주었습니다. 이곳이 다른 곳보다 매력적이었던 점은 침대와 소파 그리고 책상 등과 같은 기본적인 가구가 준비되어 있다는 점입니다. 캐나다에서 집을 빌릴 때는 가구가 준비된 곳이 있고, 그렇지 않은 곳이 있습니다. 가구가 비치된 곳이 그렇지 않은 곳보다 더 비쌉니다. 그런데도 세인트 앤드류 홀은 주변 시세와 비교하면 대단히 합리적인 렌트비였습니다.

세인트 앤드류 홀에 입주하기 위해서는 여러 가지 서류를 영어로 작성하여 보내야 했습니다. 이때 큰 활약을 했던 것은 **인공**[8]지능을 기반으로 한 챗GPT였습니다. 문제는 밴쿠버와 한국의 **시차**[9]였습니다. 한국 기준으로 17시간에서 16시간 정도 느립니다. 여기서 1시간 정도 차이가 나는 것은 서머타임(Summer Time) 때문입니다. 캐나다는 미국과 함께 서머타임을 적용하고 있습니다. 따라서 이것을 시행할 때와 해제했을 때 1시간 정도 차이가 납니다. 그런데 세인트 앤드류 홀은 보통 오후 4시경에 일을 마칩니다. 이곳의 근무 시간에 맞춰 실시간으로 연락을 취하려면 새벽 6시경에는 일어나야 합니다. 이때 일어나도 두 시간 정도밖에 시간적 여유가 없었습니다. 세인트 앤드류 홀에 들어가기 위해 거의 매일 새벽에 일어나서 챗GPT와 씨름했던 것이 엊그제 같습니다.

이곳과 계약을 맺기까지 여러 가지 우여곡절이 있었습니다. 가장 기억에 남는 것은 그쪽에서 보낸 계약 관련 이메일이 저에게 도착하지 않아서 계약을 못 하기도 했던 것입니다. 지금 생각해도 등에서 식은땀이 납니다. 하지만 감사하게도 결국 입주할 수 있었습니다. 그때 앞에서 예시했던 『아이를 외국 학교에 보내기로 했다면』 등에서 말했던 것이 생각났습니다. '집이 정해지면 80% 정도는 해결된 것'이라는 말의 의미입니다. 실감했습니다. 가족이 발 뻗고 잘 수 있는 공간을 마련하는 것이 얼마나 소중한지 뼈저리게 느꼈습니다. 사람이 살아가는 필수 요소인 **의식주**[10]에 '주(住)'가 그냥 있는 것이 아니었습니다.

1) **기숙사** : 寄宿舎(きしゅくしゃ)

　　기숙사를 가리킬 때 '寮(りょう, 료)'라는 말도 자주 사용합니다. 이 '寮(りょう)'는 JLPT 2급에 해당합니다. 예컨대 '独身寮(どくしんりょう, 독신료), '社員寮(しゃいんりょう, 사원료)' 같이 씁니다. '寮(りょう)に入(は)いる' 곧 '기숙사에 들어가다'도 흔히 사용하는 표현입니다.

　　일본에서 유학했을 때 일본의 대학생이 자치적으로 운영하는 학생 기숙사인 '寮(りょう)'에서 생활한 적이 있었습니다. 너무 지저분했습니다. '일본은 깨끗하다'라는 이미지가 있었는데 반드시 그렇지도 않다고 느꼈습니다. 그런데 나중에 안 사실이지만 '지저분한 것'이 이 기숙사의 전통이었습니다.

2) **저렴** : 低廉(ていれん)

　　'低廉(ていれん)'이라는 일본어 한자어가 없는 것은 아닙니다만, 일상적으로는 그다지 사용하지 않습니다. 보통은 '安(やす)い'나 '廉価(れんか, 염가)'를 사용합니다. '廉価(れんか)'의 예로는 '廉価販売(れんかはんばい, 염가 판매)', '廉価(れんか)なネックレス(nekkuresu)' 곧 '염가 목걸이' 등이 있습니다. '廉価(れんか)'와 비슷한 말로는 '安価(あんか, 안가)' 혹은 '安値(やすね, 안치)'가 있습니다.

3) **지불** : 支払(しはら)い

　　'지불'이라는 말은 일본어에서 왔습니다. '支払(しはら)

い’에 나오는 일본어 한자 ‘支(し)’를 ‘지’로, 일본어 한자 ‘払(はらい)’를 ‘불’로 각각 한국식 한자음으로 발음했을 뿐입니다. 이와 같은 예는 무수히 많습니다. ‘수순’이라는 말이 일본어 ‘手順(てじゅん)’에서 왔다는 것은 잘 알려져 있습니다. ‘광장’은 ‘広場(ひろば)’에서, ‘행방’은 ‘行方(ゆくえ)’에서, ‘합기도’는 ‘合気道(あいきどう)’라는 일본어에서 각각 유래했습니다.

근대 일본어가 근대 한국어 성립에 적지 않은 영향을 미쳤다는 것은 부정할 수 없는 사실입니다. 하지만 일본어에서 왔다고 해서 부끄러워할 것은 아니라고 생각합니다. 중요한 것은 이런 한국어의 실상을 어떻게 바라볼 것인가 곧 관점입니다. 국어 순화라는 관점은 필요하기는 하지만 충분하다고는 말하기 어렵습니다. 이에 대한 저의 관점을 『경계의 언어: 우리말 속 일본어』에 담았습니다.

4) **사례 : 謝礼(しゃれい)**

‘謝礼金(しゃれいきん, 사례금)’, ‘謝礼(しゃれい)の言葉(ことば)’ 곧 ‘감사의 말’ 등이 대표적인 표현입니다.

상대방에 대한 고마움을 물건이나 금전적으로 표현할 때 ‘謝礼(しゃれい, 사례)’라고 합니다. 일본에서는 상대에게 신세를 졌을 때 과자라든지 케이크 같은 음식으로 고마움을 전합니다. 이런 ‘謝礼(しゃれい)’는 일본인 사이에서 인간관계를 이어가는 데 중요한 역할을 합니다. 앞에서도 예시했지만 ‘謝礼金(しゃれいきん)’이라는 말도 자주 씁니다. 어렸을

때 전봇대에 붙어 있는 전단지에서 '사례'라는 말을 자주 봤습니다. '잃어버린 개를 찾아 주시면 사례하겠습니다'처럼 말입니다.

5) **서적** : 書籍(しょせき)

　'本(ほん, 본)' 또는 '書物(しょもつ, 서물)'라고도 말합니다.

　일본에는 헌책방이 꽤 많습니다. 헌책방은 '古本屋(ふるほんや, 고본옥)'라고 합니다. 헌책방이 많은 것은 일본의 책값이 비싼 것에도 그 원인이 있다고 생각합니다. 모든 사람이 다 그런 것은 아니겠지만 일본 사람이 책에 낙서하지 않고 책을 깨끗하게 보는 것은 자신이 구매한 것을 나중에 헌책방에 팔기 위함이기도 합니다. 헌책방 거리로는 동경에 있는 간다 신보쵸(神田神保町)가 유명합니다. 동경에 가면 한번 들러볼 만한 가치가 충분히 있습니다. 캐나다의 브리티시컬럼비아대학교에서 연구년을 보냈을 때 헌책방을 찾아봤습니다. 대학 근처에는 없었고 차로 좀 가야 있었습니다. 아주 작은 고서점이었습니다. 들어가 봤지만, 큰 감흥은 없었습니다. 반면에 미국 오리건주의 포틀랜드에 있는 파웰 서점(Poweel's Books)은 대단했습니다. 여기에 가기 위해 저는 새벽에 캐나다의 밴쿠버에서 자동차로 출발하여 미국의 시애틀을 거쳐 오후 4시경에 도착했습니다. 규모도 대단했습니다만, 건물의 내부와 외부가 미적으로도 무척 아름다웠습니다. 특히 놀라웠던 것은 일본 만화를 소개하는 코너가 'Manga'로 따로 기획되어 있었다는 점입니다. 일본의 소프트 파워(Soft

Power)의 힘을 느낄 수 있었습니다.

6) **배우** : 俳優(はいゆう)

JLPT 2급에 해당합니다. '映画俳優(えいがはいゆう, 영화배우)', '性格俳優(せいかくはいゆう, 성격 배우)' 등이 있습니다.

일본어에 '女優(じょゆう, 여우)'라는 말이 있습니다. 여자 배우를 일컫는 말입니다. 이 '女優(じょゆう)'라는 말은 '女優主演賞(じょゆうしゅえんしょう)' 곧 '여우 주연상'처럼 합성어로 쓰이는 때도 있기만 단독으로 사용하기도 합니다. '男優(だんゆう, 남우)'는 남자 배우를 가리킵니다. 한국어에도 '여우'와 '남우'라는 말이 있기는 합니다만, 일본의 사용례와 달리 단독으로 쓰기보다는 여우 주연상 혹은 남우 주연상처럼 합성어로 사용하는 경우가 흔합니다. 일본어와 달리 한국어에서 '여우(女優)'가 홀로 쓰이지 않는 것에는 '여우'라는 발음이 여우(Fox)라는 동물의 발음과 같기 때문일 수도 있습니다. 또는 젠더 의식의 차이와 관련될 수도 있습니다.

7) **서부** : 西部(せいぶ)

반의어는 '東部(とうぶ, 동부)'입니다.

일본의 서부와 동부는 많은 차이를 보입니다. 동해(일본에서 보면 서해입니다)에 면한 일본의 서부는 고대 문화가 일찍부터 꽃 피운 곳인 데 반해, 일본의 동부에 해당하는 동경 주변은 변방에 불과했습니다. 서부에서 고대 문화가 번영했던 것은 그 위치가 한반도와 중국에 가까웠기 때문입니다. 캐나다를 비롯한 북미는 서부보다는 동부가 일찍부터 발달했습니다. 유럽에 가까웠기 때문일 것입니다. 북미의 서부를 대표하는 도시에 밴쿠버와 샌프란시스코 그리고 로스앤젤레스 등이 있습니다. 이들 지역은 기후가 좋기로 유명합니다. 건기와 우기가 분명한 곳이기도 합니다. 여름은 건기이고, 겨울은 우기입니다. 동양계 미국인이 많이 사는 곳으로도 잘 알려져 있습니다. 태평양을 사이에 두고 아시아가 가까이 위치하기 때문입니다. 2021년에 개봉한 영화 <미나리>는 한국계 이민자의 이야기입니다. 주인공 가족이 아칸소로 떠나기 전 살았던 곳이 샌프란시스코와 로스앤젤레스가 있는 캘리포니아 주(州)였던 것은 그런 이유 때문입니다.

8) **인공 : 人工(じんこう)**

JLPT 2급에 들어가는 어휘입니다. '人工甘味料(じんこうかんみりょう, 인공 감미료)', '人工芝(じんこうしば, 인공지)' 곧 '인조 잔디' 같은 표현이 있습니다. '人工(じんこう)'의 반대말은 '自然(しぜん, 자연)'입니다. 일본 음식의 미학 중에는 재료 그 자체의 맛을 즐기는 것이 있습니다. 자극적인 향신료 사용을 자제하는 데는 그런 이유가 있다고 생각합니다.

일본을 대표하는 정원을 보면 자연적이라기보다는 인공적이라는 느낌을 지울 수 없습니다. 자연을 통제하고 관리하고 싶어 하는 일본인의 욕망이 느껴집니다. 이런 욕망은 지진과 태풍이 많은 일본의 지정학적 환경에서 왔다고 생각하니다. 다시 말하면 일본인은 지진과 태풍이라는 자연재해를 통제할 수도 없고, 관리할 수도 없습니다. 자연 앞에 놓인 나약한 인간에 불과합니다. 이런 그들의 자의식이 거꾸로 자연을 통제하려고 했을 때 드러나는 인공미가 바로 일본 정원에서 잘 표현됐다고 생각합니다. 브리티시컬럼비아대학교에는 '니토베 이나조(新渡戸稲造) 정원'이 있습니다. 일본 정원의 하나입니다. 그는 근대 일본을 대표하는 교육자이자 정치가 그리고 외교관이었습니다. 캐나다에서 유명을 달리했는데 그를 기리는 정원이 바로 '니토베 이나조 정원'입니다. 아름답기는 하지만 일본 정원답게 인공적입니다.

9) **시차** : 時差(じさ)

JLPT 1급에 들어가는 고급 한자어입니다. '時差出勤(じさしゅっきん, 시차 출근)'이라는 말이 있습니다.

일본과 한국 사이에는 실제로 약 30분 정도의 시차가 있다고 합니다. 같은 시간이지만 해가 지는 모습을 보면 그 시차를 알 수 있습니다. 시차가 있다고는 하지만 30분 정도의 시차로 시차 적응에 어려움은 없습니다. 일본어에 '時差(じさ) 惚(ぼ)け'라는 말이 있습니다. 시차로 생체 리듬이 깨지는 것을 말합니다. 일본(한국 포함)과 밴쿠버 사이에는 17시간 혹은 16시간 정도의 시차가 있습니다. 밴쿠버가 3월 초부터 다음 해 1월 초까지 서머타임을 시행하기에 17시간 또는 16시간 정도의 시차가 생깁니다. 밴쿠버가 그만큼 느립니다. 그러다 보니 시차 때문에 밤인데도 잠을 이루지 못하는 경우가 있

습니다. 이때 도움을 받을 수 있는 것이 멜라토닌(Melatonin)이 들어간 약입니다. 한국에서는 전문 의약품으로 처방전이 필요하지만, 캐나다에서는 슈퍼나 약국에서 손쉽게 손에 넣을 수 있습니다.

10) **의식주** : 衣食住(いしょくじゅ)

JLPT 2급에 해당합니다.

사전적 의미로 의식주는 옷과 음식 그리고 집을 뜻하지만, 거기에 그치는 것이 아니라고 생각합니다. 특히 집이 그렇습니다. 일본과 캐나다 그리고 한국에는 노숙자가 적지 않습니다. '노숙자'를 일본어로는 'ホームレス(ho-muresu)', 영어로는 'Homeless'라고 합니다. 세계 곳곳에 노숙자가 없는 곳은 없을 것입니다. 집은 자는 곳이며 쉬는 곳이기도 합니다만, 인간의 존엄성을 지키는 사적인 공간이라고 생각합니다.

일본어 한자어 체크

> 宿(やど) 숙소, 予約(よやく) 예약, 健全(けんぜん) 건전, 精神(せいしん) 정신, 肉体(にくたい) 육체(몸), 敷金(しききん) 보증금, 礼金(れいきん) 사례금, 大家(おおや) 집주인, 下宿(げしゅく) 하숙, 宿泊(しゅくはく) 숙박, 宿敵(しゅくてき) 숙적(오래전부터 의적수 혹은 원수), 寄宿舎(きしゅくしゃ) 기숙사, 仮(かり)の宿(やど) 임시 거처, 寮(りょう) 기숙사, 独身寮(どくしんりょう) 독신 기숙

사, 社員寮(しゃいんりょう) 사원(직원) 기숙사, 廉価(れんか) 염가(저렴), 廉価販売(れんかはんばい) 염가 판매, 支払(しはら)い 지불, 手順(てじゅん) 수순, 広場(ひろば) 광장, 行方(ゆくえ) 행방, 合気道(あいきどう) 합기도, 謝礼(しゃれい) 사례, 謝礼金(しゃれいきん) 사례금, 謝礼(しゃれい)の言葉(ことば) 감사의 말, 書籍(しょせき) 서적, 書物(しょもつ) 서적 혹은 책, 古本屋(ふるほんや) 헌책방, 俳優(はいゆう) 배우, 映画俳優(えいがはいゆう) 영화배우, 性格俳優(せいかくはいゆう) 성격 배우, 女優(じょゆう) 여자 배우, 女優主演賞(じょゆうしゅえんしょう) 여우주연상, 男優(だんゆう) 남자 배우, 西部(せいぶ) 서부, 東部(とうぶ) 동부, 人工(じんこう) 인공, 人工甘味料(じんこうかんみりょう) 인공 감미료, 人工芝(じんこうしば) 인조 잔디, 自然(しぜん) 자연, 時差(じさ) 시차, 時差出勤(じさしゅっきん) 시차출근(유연근무), 時差(じさ)惚(ぼ)け 시차로 멍한 상태, 衣食住(いしょくじゅ) 의식주

제4절

하(荷)

기우로 끝난 택배

❀

이민 가방을 산 적이 있습니다. 20대 중반에 일본에 유학하러 갔을 때입니다. 독신이었기에 이민 가방은 한 개면 충분했습니다. 우체국 택배로 미리 보낼 짐도 없었습니다. 책과 옷이 전부였기 때문입니다. 이민 가방은 겉모양이 비슷비슷합니다. 그래서 위탁 수하물로 맡길 때 나중에 자신의 물건임을 쉽게 확인하기 위해 **한국**[1]의 전통 문양이 새겨진 열쇠고리를 이민 가방에 몇 개 달아 두었습니다. 그런데 웬일 인지 공항에서 짐을 찾을 때 확인해 보니 열쇠고리가 하나도 남아 있지 않았습니다. 누군가 떼어 갔던 것입니다. 이민 가방에 얽힌 슬픈 에 피소드입니다.

연구년 준비를 위해 인생에서 또 한 번의 이민 가방을 샀습니다. 캐 나다 대학의 초청장, 비자 준비, 숙소 마련, 캐나다 전화 사전(事前) 신 청 등으로 시작한 연구년 준비는 더뎠지만, 그럭저럭 진행되고 있었 습니다. 그다음 단계로 신경을 썼던 것이 **짐**[2] 꾸리기였습니다. 4인 가 족이 일 년 정도 **외지**[3]에서 지내야 하기에 준비할 것이 적지 않았습니다. 그래서 이민 가방을 6개나 샀습니다.

〈멜 하(荷)〉

의미: 매다, 짊어지다

훈독: 【に】

荷(に)を負(お)う 짐을 짊어지다, 荷(に)を送(おく)る 짐을 부치다, 肩(かた)の荷(に)が軽(かる)くなった 책임이 가벼워졌다

이민 가방을 샀지만 가지고 갈 물건은 챙기지 않았습니다. 그것보다는 캐나다에 미리 부칠 짐을 챙겨야 했기 때문입니다. 물론 그곳도 사람이 사는 곳이니 가서 사면 됩니다. 하지만 물건에 따라서는 **물가**[4] 차이가 상당히 난다는 말을 들었습니다. 또한 한국인에게 맞지 않는 것도 있다는 소문도 있었습니다. 밴쿠버에 살고 있는 혹은 밴쿠버로 장단기 유학 및 이민하려는 사람들이 가입한 온라인 카페에 가입했습니다. 카페에는 다양한 정보가 넘쳐났습니다.

많은 사람들이 권했던 것에는 물티슈, **학용품**[5], 기초 화장품, 샴푸 등이 있었습니다. 물티슈와 학용품 등은 한국보다 캐나다가 비싸다고 했습니다. 기초 화장품과 샴푸 등은 자기 피부나 기호에 맞지 않을 수 있다고 했습니다. 우선 이것들을 챙겼습니다. 여름에 출발하지만, 캐나다에서 겨울을 보내야 했기에 겨울옷도 챙겨야 했습니다. 그쪽 생활에 필수 불가결한 일용품과 아이들의 참고서 등을 출발 1개월 전

에 급히 바리바리 쌓아서 **우체국**[6] 택배로 보냈습니다.

택배에 대한 우려가 여러 가지 있었습니다. 그 걱정을 김재원·김지민은 『아이를 외국 학교에 보내기로 했다면』(24쪽)에서 다음과 같이 잘 묘사했습니다. 김재원은 당시 연구년을 미국에서 보낼 예정이었고, 첫째인 김지민은 초등학교 6학년생으로 함께 미국에 갈 준비를 하고 있었습니다.

> 2012년 6월 출국 2개월 전, 본격적으로 이사를 준비하면서 부모는 바빠지기 시작했다. 생활필수품과 옷처럼 미국에 도착하자마자 사용할 물건은 여행 가방에 넣고, 몇 개월 후에 받아도 되는 책이나 겨울옷 등 당장 필요하지 않은 것을 먼저 분류했다. 우체국 국제특송 택배 서비스를 이용하면 약 2개월의 시간이 걸린다. 7월 안에 보내야 9월에 받을 수 있는 것이다. 서둘러야만 했다. 우체국을 통해 보낸 것들이 가끔 분실되기도 한다는 말을 듣고, 정말 마음을 비우고, 없어져도 상관없는 것만 꾸렸다.

정말 그랬습니다. 미리 보낸 택배에 대해서는 마음을 비워야만 했습니다. 커뮤니티 카페에서도 한국에서 보낸 택배가 몇 개월이 지나도 도착하지 않는다는 내용이 빈번히 올라왔습니다. 또한 우체국 **직원**[7]은 캐나다는 한국과 달리 택배를 집에까지 배송해 주지 않는다고 말했습니다. 이런 정보는 근심과 **걱정**[8]으로 가득찼던 저를 더욱 불안하게 했습니다.

다행스러운 것은 택배 추적 시스템이 있다는 것이었습니다. 한국 우체국의 홈페이지와 앱을 통해 캐나다에 붙인 짐이 현재 어디에 있는지를 알 수 있었습니다. 하지만 짐이 한국에서 해외로 나간 이후에는 추적할 수 없었습니다. 절망스러웠습니다.

8월 초에 캐나다에 **입국**[9]했지만 출국하기 전에 부친 택배는 아직도 도착하지 않았습니다. 점차 불안해졌습니다. 캐나다 우체국에도 택배 추적 시스템이 있다는 것이 안심이었습니다. 거의 매일같이 확인했습니다. 8월 말이 돼서야 미리 부쳤던 짐을 받을 수 있었습니다. 감동이었습니다. 나중에 안 사실이지만 우편번호만 정확하면 짐이 늦게 도착하는 경우는 있어도 결국에는 받을 수 있다는 것이었습니다. 근심과 걱정은 **기우**[10]였습니다.

더 알고 싶은 일본어 한자어

1) **한국 : 韓国(かんこく)**

  일본에서는 우리나라를 '韓国(かんこく, 한국)' 또는 '大韓民国(だいかんみんこく, 대한민국)'라고 합니다. 북한은 뭐라고 부를까요? '北朝鮮(きたちょうせん, 북조선)'이라고 합니다. 북한의 공식 국명은 조선민주주의인민공화국입니다. 여기서 어떻게 '北朝鮮(きたちょうせん, 북조선)'이라는 약칭이 나오는지 논리적으로 이해가 가지 않습니다. '北朝鮮(きたちょうせん, 북조선)'이 있다는 말은 그 반대에 '南朝鮮(みなみちょうせん, 남조선)'이 있어야 하는 거 아닐까요? 사실 '남조선'이라는 말은 북한이 한국을 가리킬 때 쓰곤 했던 용어입니다. 일본에는 한국을 '남조선'이라고 부르고 싶은 잠재의식이 있나 봅니다. 저의 억측일까요? 한반도는 일본어로 '朝鮮半島(ちょうせんはんとう, 조선반도)'입니다.

2) **짐 : 荷物(にもつ)**

'荷物(にもつ, 하물)'는 JLPT 4급에 해당합니다. '짐을 부치다'는 '荷物(にもつ)を預(あず)ける'입니다. '짐을 나르다'고 말하고 싶으면 '荷物(にもつ)を運(はこ)ぶ'라고 하면 됩니다. 그런데 '荷物(にもつ)'에는 흔히 'お'를 붙여서 'お荷物(にもつ)'라고 합니다. 이때 'お'는 미칭입니다. 예를 들면 'みんなのお荷物(にもつ)になる'처럼 말입니다. '모든 사람에게 짐(혹은 부담)이 된다'는 뜻입니다. 짐이 많을 때 일본에서는 '台車(だいしゃ, 대차)'를 사용합니다. 여기에 짐을 실어 나릅니다. 한국어에는 없는 한자어입니다. 운반용 손수레에 해당합니다. 영어로는 'Cart'라고 할 수 있습니다. 그렇다고 슈퍼나 대형 마트 등에서 장을 볼 때 쓰는 카트가 아닙니다. 호텔에 갔을 때 빌려 쓰는 카트에 가깝습니다. 관련 어휘로 '가방'이 있습니다. 사실 가방은 일본어 '鞄(かばん, 포)'의 한국어 표기입니다. '가방 모찌'라는 말을 들어본 적이 있는지요? 상대방의 가방을 들어주면서 시중을 드는 사람을 일컫는 말입니다. 최재천은 최근에『양심』(더글래스, 2025년, 66쪽)을 출간했습니다. 양심 없이 사는 사람이 적지 않은 이 시대에 양심의 문제를 지적했다는 점에서 의미 있는 저서라고 평하고 싶습니다. 그런데 이 책에 '가방 모찌'가 나옵니다. 일본어 '鞄持(かばんもち, 포지)'에서 유래한 말입니다. 우리의 일상어에는 일본어에서 유입된 말이 적지 않습니다.

3) **외지** : 外地(がいち)

자신이 살고 있는 나라 밖의 지역을 가리킵니다. 일본어에서 이 '外地(がいち)'가 '内地(ないち, 내지)'라는 말과 쌍을 이루어 사용될 때는 특별한 의미로 쓰입니다.

일본의 북쪽에 있는 홋카이도(北海道)는 근대에 들어 일본 본토에 편입됐습니다. 그래서 일본인은 본토는 '内地(ないち)', 홋카이도는 '外地(がいち)'라고 각각 명명했습니다. 이런 의식을 홋카이도에 사는 사람들은 아직도 가지고 있습니다. 그래서 일본 드라마나 영화 등에서 좌천당하는 사람들이 주로 떠나는 지방에 홋카이도가 자주 들어갑니다. 조선이 식민지로 전락하자 이 외지의 범위에 '식민지 조선'도 포함됐습니다. 일본 본토는 '内地(ないち)'였고, '식민지 조선'은 '外地(がいち)'가 됐습니다. 트럼프 미국 대통령은 취임 전부터 캐나다에 미국의 51번째 주(州)로 편입할 것을 공공연하게 말했습니다. 미국은 '内地(ないち)'이고, 캐나다는 '外地(がいち)'라는 의식을 가지고 있는 것은 아닌지 의심스럽습니다. 그런데 경제나 안보 등에서 캐나다가 미국에 의존하고 있는 것을 생각해 보면, 트럼프가 캐나다를 '外地(がいち)'로 인식하고 있는 것은 아닌가 하는 생각이 듭니다. 예컨

대 캐나다의 수출에서 미국이 차지하는 비중이 75%나 됩니다(한국경제, 2025년 3월 28일자).

4) **물가** : 物価(ぶっか)

JLPT 2급에 들어갑니다. '消費者物価(しょうひしゃぶっか, 소비자 물가)', '物価統制(ぶっかとうせい, 물가 통제)' 등이 대표적인 표현입니다.

코로나19 이후 일본도 물가가 많이 올랐습니다. 이럴 때 '物価高(ぶっかだか, 물가고)' 곧 물가가 많이 올랐다고 말합니다. 그러나 코로나19 이전에는 디플레이션의 경향이 있었습니다. 물가도 오르지 않지만, 임금도 오르지 않았습니다. 경제가 성장하려면 약간의 인플레이션이 있어야 하는데 말입니다. 그러다 보니 실질 임금 수준도 한국보다 못한 상황이 되어 버렸습니다. 30여 년 전만 해도 상상도 하지 못할 상황이 발생했습니다. 물가와 관련하여 세금에 대해 좀 이야기하겠습니다. 상품에는 세금이 따라붙습니다. 한국의 부가 가치세를 일본에서는 '消費税(しょうひぜい, 소비세)'라고 합니다. 10% 정도 부과됩니다. 누구나 내야 하는 간접세입니다. '消費税(しょうひぜい)'가 상품 가격에 반영되어 있으면 그것은 '内税(うちぜい, 내세)'가 되고, 포함되어 있지 않고 따로 내야 한다면 '外税(そとぜい, 외세)'가 됩니다. 일본에서 어떤 물건을 샀는데 가격보다 비싸다면 '外税(そとぜい, 외세)'가 있었다는 것을 말합니다. 캐나다는 주(州)에 따라 세금이 다릅니다. 제가 거주했던 브리티시컬럼비아주는 세

금이 비싸기로 유명합니다. 세금에는 연방 정부에 내는 세금과 함께 주(州) 정부에 내는 세금이 있습니다. 이들을 합하면 브리티시컬럼비아주의 세금은 12%나 됩니다. 세금이 가장 싼 주는 로키산맥(Rocky Mountains)이 걸쳐 있는 앨버터주입니다. 5%에 불과합니다. 이런 부가 가치세에 약 12%~18%에 달하는 팁(Tip)이 따로 붙습니다. 캐나다에서 외식을 자주 하면 패가망신한다는 소리가 있습니다. 우스갯소리가 아닙니다. 결국 실제 물가란 상품 가격과 세금까지 모두 포함해야 하고, 때에 따라서는 팁까지 넣어야 합니다.

5) **학용품** : 学用品(がくようひん)

 '학용품을 준비하다'는 '学用品(がくようひん)をそろえる' 입니다.

 일본의 학용품은 좀 비싸기는 하지만 디자인과 품질이 좋은 것 같습니다. 특히 볼펜류는 더욱 그렇습니다. 일본의 볼펜은 한국에서뿐만이 아니라 캐나다에서도 인기가 많습니다. 예를 들어 볼펜인데 연필처럼 지워서 쓸 수 있는 펜이 있습니다. 브리티시컬럼비아대학교에 방문 학자로 등록했을 때 아시아학과로부터 기념품을 받았습니다. 쓰고 지울 수 있는 일본의 볼펜이었습니다.

6) **우체국** : 郵便局(ゆうびんきょく)

 JLPT 4급에 해당하는 기본 한자어입니다. 관련 어휘로는 '郵便局長(ゆうびんきょくちょう, 우체국장)'가 있습니다.

 일본에서 공부할 때 은행에서 계좌를 열었지만, 우체국에서도 입출금이 가능한 계좌를 만들었습니다. 제가 공부했던 홋카이도에는 홋카이도은행이라는 지역 은행이 있었습니다. 그 지역에서는 큰 은행이었지만 다른 중소 도시에 가면 지점이 거의 없었습니다. 출금할 때 어려움이 많았습니다. 이것을 해결해 주었던 것이 우체국이었습니다. 우체국은 전국 어디에도 있었기 때문입니다. 그런 우체국이 2007년에 민영화됐습니다. 명분은 경영 합리화였습니다. 캐나다의 우편 업무는 우체국에 해당하는 'Canada Post'가 담당합니다. 'Canada Post'가 일본과 다른 점은 그 위치입니다. 약국이나 대형 마트 내에 있습니다. 언뜻 보기에는 우체국처럼 보이지 않습니다. 규모도 작다 못해 초라할 정도입니다. 'Canada Post'는 공기업입니다. 종종 파업도 합니다. 그럴 때는 우편 업무가 일시적으로 마비됩니다. 적자에도 허덕입니다. 캐나다는 세계에서 두 번째로 큰 국토인 데 반해, 인구는 겨우 4,000만 명 정도에 불과합니다. 캐나다 우체국이 적자인 것은 구조적인 문제라고 생각합니다.

7) **직원** : 職員(しょくいん)

의외일지 모릅니다만, JLPT 1급에 해당하는 한자어입니다. '事務職員(じむしょくいん, 사무직원)', '職員室(しょくいんしつ, 직원실)'처럼 씁니다. 일본의 우체국이나 은행 등에서 일하는 직원은 유니폼을 입습니다. 유니폼을 일본어로 'ユニホーム(yunipo-mu)'라고 합니다. 영어 'Uniform'의 일본어 발음입니다. 또는 '制服(せいふく, 제복)'라는 말도 씁니다.

일본은 제복의 나라입니다. 한국에서 유니폼을 입는 직업군은 일본에 비해 아주 협소합니다. 일본이 왜 제복을 좋아하는지에 대해서는 졸저인 『일본문화의 패턴: 일본문화를 이해하는 10가지 문화형』(박문사, 2017년)에서 자세히 다루었습니다. 캐나다가 궁금해졌습니다. 과연 그곳의 은행과 우체국 직원은 유니폼을 입는지 살펴보고 싶었습니다. 입지 않았습니다. 그 정도가 아니었습니다. 우리의 눈으로 봤을 때는 좀 노출이 심하다는 느낌을 받을 수도 있을 정도였습니다. 일하는 사람이 입는 옷이 아니라는 생각도 들었습니다. 하지만 달리 보니 그만큼 개성이 잘 드러나 있었습니다. 근무 복장에 한정해서 본다면 정도의 차이는 있지만 캐나다는 한국에 가까워 보였습니다.

8) **걱정 : 心配(しんぱい)**

'心配(しんぱい, 심배)'는 JLPT 3급에 들어갑니다. '부모에게 걱정을 끼치다'는 '親(おや)に心配(しんぱい)をかける'가 됩니다. '쓸데없는 걱정을 하다'는 'よけいな心配(しんぱい)をする'가 됩니다. '心配(しんぱい)'와 비슷한 의미로 쓰는 것에 '気(き)がかり'가 있습니다. 또한 '걱정거리'는 '心配事(しんぱいごと, 심배사)'라고 합니다. 그런데 사소한 일에도 걱정이 많은 성격을 뭐라고 할까요? '心配性(しんぱいしょう, 심배성)'라고 합니다. 제가 알고 있는 일본인 지인 중에는 이런 사람이 적지 않습니다. 좋게 말하면 세심하다고 말

할 수 있지만, 때에 따라서는 너무 걱정이 많다고 느껴지기도 합니다.

9) **입국** : 入国(にゅうこく)

　‘입국 심사’는 ‘入国審査(にゅうこくしんさ)’, ‘입국 허가서’는 ‘入国許可書(にゅうこくきょかしょ)’, ‘입국 절차’는 ‘入国手続(にゅうこくてつづき)’, ‘밀입국’은 ‘密入国(みつにゅうこく)’입니다.

　일본과 캐나다 그리고 미국에서 입국 심사를 받았을 때는 항상 긴장했습니다. 특히 언어에 자신이 없었을 때는 더욱 그랬습니다. 그런데 심사관으로서는 입국 심사를 받는 사람이 일본어나 영어를 유창하게 말하는 것이 중요한 것은 아닐 것입니다. 다시 말하면 내가 불법 체류를 하지 않을 사람이라는 것을 심사관에게 제대로 전달한다면 별문제가 없다고 봅니다.

10) **기우** : 杞憂(きゆう)

　고급 한자어입니다. ‘기우에 지나지 않는다’는 ‘杞憂(きゆう)に過すぎない’이고, ‘기우로 끝나다’는 ‘杞憂(きゆう)に終(お)わる’입니다. 결국 ‘杞憂(きゆう)’는 쓸데없는 걱정입니다. 좀 더 쉬운 일본어로 말하면, ‘余計(よけい)な心配(しんぱい)’가 됩니다.

韓国(かんこく) 한국, 大韓民国(だいかんみんこく) 대한민국,
北朝鮮(きたちょうせん) 북조선(북한), 朝鮮半島(ちょうせんは
んとう) 한반도, 荷物(にもつ) 짐, 台車(だいしゃ) (호텔등)운반용
손수레, 鞄持(かばんもち) 가방 들어주는 사람, 外地(がいち) 외지,
内地(ないち) 내지, 物価(ぶっか) 물가, 消費者物価(しょうひ
しゃぶっか) 소비자 물가, 物価統制(ぶっかとうせい) 물가 통제,
物価高(ぶっかだか) 고물가, 消費税(しょうひぜい) 소비세, 内
税(うちぜい) 부가가치세 포함, 外税(そとぜい) 부가가치세 불포함,
学用品(がくようひん) 학용품, 郵便局(ゆうびんきょく) 우체국,
郵便局長(ゆうびんきょくちょう) 우체국장, 職員(しょくいん) 직원,
事務職員(じむしょくいん) 사무직원, 職員室(しょくいんしつ)
직원실, 制服(せいふく) 제복(유니폼), 心配(しんぱい) 걱정, 心
配事(しんぱいごと) 걱정거리, 心配性(しんぱいしょう) 걱정이
많은 성격, 入国(にゅうこく) 입국, 入国審査(にゅうこくしんさ) 입
국 심사, 入国許可書(にゅうこくきょかしょ) 입국 허가서, 入国手
続(にゅうこくてつづき) 입국 절차, 密入国(みつにゅうこく) 밀입
국, 杞憂(きゆう) 기우

제5절

건(健)

개발 도상국의 흔적

❀

해외에서 유학이나 장기 **체류**[1]를 할 때에는 건강 검진이 필요합니다. 검진 검진을 받아야 하는 쪽에서는 시간과 비용이 들기에 번거로운 절차입니다. 하지만 외국인을 받아들이는 쪽에서는 어쩌면 당연한 요구일지 모릅니다.

일본에 유학 갈 때 **건강**[2] 검진을 받았습니다. 대단한 것이 아니었습니다. 키와 몸무게 그리고 시력을 측정하고, 거기에 엑스레이(X-Ray) 정도를 추가하는 것이었습니다. 비용도 비싸지 않았습니다. 일본에 가서도 건강 검진을 몇 번 받았습니다. 저는 **홋카이도**(北海道)[3]대학교에서 유학했었는데, 대학교에서 대학생과 **대학원생**[4]을 정기적으로 건강 검진을 했었습니다. 무료였습니다. 그런데 대학교에서 받았던 건강 검진은 저에게는 아주 특별한 **추억**[5]이 되었습니다. 지금도 어제일 같이 기억하고 있습니다. 홋카이도대학교에는 당시 한국인 유학생이 많지 않았습니다. 건강 검진을 받을 때 주위를 살펴보면 일본인 대학생이나 대학원생이 대부분이었습니다. 만약 일제강점기에 일본에서 공부했다면 아마도 이런 느낌을 거라고 상상하곤 했습니다. 또한 그 풍경이 군의 입영 판정을 받기 위해 신체검사를 받는 느낌이었습니다. '**징병**6)으로 끌려가기 전의 모습이 이런 것이었나'라고 머릿속에서 그려 봤습니다.

〈튼튼할 건(健)〉
의미: 튼튼하다
음독:【けん】
　　健康(けんこう) 건강, 健全(けんぜん) 건전, 保健(ほけん) 보건, 健闘(けんとう) 건투
훈독:【すこやか】
　　健(すこ)やかに育(そだ)つ 튼튼하게 자라다, 健(すこ)やかな精神(せいしん) 건강한 정신

　연구년을 준비하면서 비자 발급을 위해 저를 포함하여 **가족**7) 모두가 건강 검진을 받아야 했습니다. 비자용 건강 검진은 캐나다에서 지정한 병원에 가야만 했습니다. 번거로웠습니다. 비용도 비쌌습니다. 비자용 건강 검진에는 엑스레이 촬영이 있었습니다. **결핵**8)을 확인하기 위한 것이었습니다. 그런데 캐나다 정부는 모든 국가에 이것을 요구하지 않았습니다. 이를테면 한국에는 요구했지만, 일본에는 요구하지 않았습니다. 차별이라고 느껴졌습니다.

　예를 들어보겠습니다. 저와 같이 한국에서 오랜 기간 거주했던 한

국인에게는 엑스레이가 필수입니다. 거의 모든 한국인이 저와 같은 상황일 것입니다. 일본인이 일본이 아니라 한국에서 6개월 이상 살았다면, 캐나다 입국에 필요한 비자용 건강 검진에서 엑스레이를 찍어야 합니다. 제가 엑스레이를 촬영했을 때 캐나다 입국을 위해 엑스레이실로 들어가는 일본인을 목격했습니다. 그는 한국에서 6개월 넘게 체류했나 봅니다. 하지만 일본인인 제 아내가 만약 한국이 아니라 일본에서 6개월 이상을 거주한 후 캐나다에 입국한다면 엑스레이 사진이 필요하지 않습니다. 결국 '한국'에서 6개월 이상 체류한 외국인은 비자용 건강 검진에서 엑스레이 사진을 찍어야 하는 것입니다.

나중에 안 사실이지만 OECD 국가 중에서 한국은 결핵 발생률이 1위라고 합니다. 2024년 3월 21일자 <동아사이언스>에는 다음과 같은 기사가 실려 있습니다.

> 2022년 기준 신규 결핵 환자는 1만 6264명이다. 2011년 3만 9557명으로 최고치를 기록한 이후 연평균 7.8%씩 감소하고는 있지만 2022년 기준 OECD 회원국 중 결핵 발생률 1위, 사망률 3위라는 불명예를 안고 있다.

아마도 위와 같은 사실을 근거로 캐나다 정부는 한국인에게, 아니 설사 한국인이 아니더라도 한국에서 6개월 이상 살았던 사람이 비자용 건강 검진을 받을 때는 엑스레이를 요구했던 것 같습니다.

제가 어렸을 때는 결핵 환자를 주인공으로 한 **소설**[9]이나 드라마가 적지 않았습니다. 최근까지도 결핵이 등장하는 영화가 이어지고 있습니다. 봉준호 감독의 영화 <기생충>(2019년)에서 배우 송강호가 열연했던 주인공 가족이 입주 가정부를 쫓아내기 위해 그가 결핵에 걸렸다는 누명을 씌우는 장면이 나온다.

결핵은 폐병이라고 불리는 무서운 병이었습니다. 한때 국민병이라 부를 정도로 이것에 걸린 사람이 적지 않았다고 합니다. 한국 정부는 결핵 퇴치 자금을 마련하기 위해 크리스마스실(Christmas Seal)을 발행했습니다. 초등학교와 중학교 그리고 고등학교에 다닐 때 크리스마스실을 의무적으로 사야만 했던 기억이 있습니다. 이제는 **'선진국**[10]**'**이 된 한국이 사실은 얼마 전까지만 해도 '개발 도상국'이나 '중진국'이었다는 것을 알려 주는 흔적이 결핵인 것 같습니다.

더 알고 싶은 일본어 한자어

1) **체류** : 滯留(たいりゅう)

　　'장기 체류'는 '長期滯留(ちょうきたいりゅう)'입니다. '滯留(たいりゅう)'와 비슷한 한자어로 '在留(ざいりゅう, 재류)'라는 말이 있습니다. 일본어에서 '在留資格(ざいりゅうしかく, 재류 자격)'는 어떤 목적으로 일본에 머무는지를 나타내는 것입니다.

　　해외여행으로 짧게는 2박 3일, 좀 길게는 3박 4일 정도 해외에 머무릅니다. 특히 일본인은 이런 경우가 적지 않습니다. 단기 여행은 비교적 길지 않은 기간에 그곳에서 유명하다는 곳을 쭉 둘러볼 수 있다는 점에서 장점이 있습니다. 가성비는 좋지만, 아쉬운 점이 있습니다. 그곳에서 생활하는 사람들의 일상을 좀처럼 알기 어렵기 때문입니다. 몇 년 전부터 유행하기 시작한 것이 '한 달 살기' 같은 프로그램입니다. 최소한 1개월은 살아봐야 그곳 사정을 엿볼 수 있기 때문이라고 생각합니다.

2) **건강 : 健康(けんこう)**

JLPT 2급에 들어갑니다. '건강 관리'는 '健康管理(けんこうかんり)', '보건식' 혹은 '건강식'은 '健康食(けんこうしょく)'입니다. '건강에 주의하다'라고 말하고 싶으면 '健康(けんこう)に注意(ちゅうい)する'라고 하면 됩니다.

일본에서 유학할 때 많은 혜택을 입었습니다. 장학금도 장학금입니다만, 가장 기억에 남는 것은 국민 건강 보험(일본 명칭은 '국민 의료 보험')에 가입할 수 있었던 것입니다. '국민 의료 보험'은 일본어로 '国民医療保険(こくみんいりょうほけん)'이라고 합니다. '일본 국민'도 아닌데 말입니다. 게다가 아주 저렴한 비용으로 들어갈 수 있었습니다. 또한 치과에서는 스케일링(Scaling)이 보험 적용을 받았습니다. 당시 유학생들은 한국으로 귀국하기 전에 모두 일본에서 스케일링을 받았습니다. 비용 때문입니다. 캐나다로 떠날 때 의료 보험이 많이 걱정됐습니다. 그런데 캐나다는 무료였습니다. 다만 치과 치료는 의료 보험 대상이 아닙니다. 개인이 따로 치과 치료를 위한 보험에 가입해야 합니다.

3) **홋카이도** : 北海道(ほっかいどう)

　　이곳은 일본 열도에서 좀 특별한 곳입니다. 근대에 일본으로 편입되기 전부터 이곳에는 곰 토템을 가진 아이누(アイヌ)라는 선주민이 살았기 때문입니다. 지금은 '일본 민족'과 혼혈이 돼서 선주민만의 혈통을 가진 이는 거의 없다고 합니다. 유학 초기 아이누가 모여 사는 곳에 간 적이 있었는데, 그들은 저에게 일본을 연구하지 말고 아이누를 연구해 달라는 말을 했습니다. 그러나 아쉽게도 아이누 연구는 하지 못했습니다. 부끄러운 말입니다만, 캐나다에 가기 전에는 '캐나다 인디언'이라는 말을 들은 적이 없었습니다. 미국의 서부 영화 때문인지 '아메리카 인디언'은 알았지만 말입니다. 특히 제가 연구년을 보냈던 브리티시컬럼비아주에는 선주민인 '캐나다 인디언'에 대한 존중이 있었습니다. 대학교의 교정에는 우리는 선주민의 땅을 빌려서 살고 있기에 선주민에 감사의 마음을 가져야 한다는 글귀가 여기저기에 있었습니다. 둘째가 다녔던 초등학교에서도 선주민에 대한 감사의 마음을 가지라고 교육했습니다. 물론 선주민에 대한 캐나다인의 만행이 없었던 것은 아니고, 선주민에 대한 캐나다 정부나 주(州) 정부의 정책에 아쉬운 점이 없는 것도 아닙니다. 하지만 선주민을 대하는 일본과 캐나다의 태도에는 큰 차이점이 있다고 생각합니다.

4) **대학원생** : 大学院生(だいがくいんせい)

　　줄여서 '院生(いんせい, 원생)'라고도 합니다. 일본에서 대학원에 재학하고 있는 학생은 '研究生(けんきゅうせい, 연구생)'. '修士課程(しゅうしかてい, 수사 과정)', '博士課程(はかせかてい, 박사 과정)'로 구분할 수 있습니다. '研究生(けんきゅうせい)'는 정규생이 아니기에 장학금 등 석사 및 박사 과정의 학생이 받는 혜택은 받을 수 없습니다. 여기서 낯선 한자어는 '修士(しゅうし, 수사)'라는 말일 것입니다. 일본에서는 석사(碩士)를 '修士(しゅうし)'라고 합니다.

캐나다에서 몇몇 대학원생을 만날 수 있었습니다. 주로 아시아학과에 다니고 있었는데, 그들에게는 큰 특징이 있었습니다. 일본학을 전공하든 한국학을 공부하든 그들은 동아시아라는 지역학의 관점에서 일본과 한국을 바라보고 있었습니다. 따라서 대부분이 일본어와 한국어를 모두 잘하는 편이었습니다. 일본에서 한국을 연구하거나, 한국에서 일본을 연구하는 대학원생은 상대방의 국가만 바라보는 일국사(一国史) 중심의 시각인데 말입니다.

5) **추억** : 思(おも)い出(で)

물론 '追憶(ついおく, 추억)'라는 말이 없는 것은 아닙니다. '追憶(ついおく)にふける' 곧 '추억에 잠기다'처럼 쓸 수 있습니다. 다만 일상어로 '추억'을 말할 때는 '思(おも)い出(で)'라고 합니다. **JLPT 2급**에 해당합니다. 'おさない頃(ころ)の思(おも)い出(で)'는 '어린 시절 추억'을, 'なつかしい思(おも)い出(で)'는 '그리운 추억'을 말합니다. '思(おも)い出(で)の品(しな)'는 '추억의 물건'을 가리킵니다.

유학을 마치고 귀국할 때 지도 교수와 일본 선후배 그리고 동료는 저를 위해 환송회를 열어주었습니다. 그때 받은 선물 중에는 유학했던 홋카이도대학교의 학교 티셔츠가 있습니다. 여기에는 저에게 주고 싶었던 말이 일일이 손으로 쓰여 있었습니다. '오직 한길을', '평생 공부', '좋은 선생이 되길' 같은 글귀가 적혀 있었습니다. 멋진 추억이 되었습니다. 캐나다에서도 잊지 못할 추억을 만들었습니다. 로키산맥 여행입니다. 그곳에서 사각형 모양의 작은 돌멩이를 하나 주워 왔습니다. 비록 작은 돌멩이에 불과하지만, 로키산맥의 세월만큼 오래됐다는 것을 생각하면 그 돌멩이를 볼 때마다 숙연해집니다.

6) 징병 : 徵兵(ちょうへい)

대표적인 한자어로는 '徵兵制度(ちょうへいせいど, 징병제도)', '徵兵制(ちょうへいせい, 징병제)'가 있습니다.

한국은 징병제 국가이지만, 일본은 모병제입니다. 일본 군대는 '自衛隊(じえいたい, 자위대)'라고 합니다. 같은 대학생이라고 해도 일본 학생이 한국 학생보다 나이가 어린 것은 일본에 징병제가 없기 때문입니다. 일본에서는 평화에 익숙해져서 일본의 안전 보장이나 세계 정세에 관심 없는 사람들, 특히 젊은이들을 향해 '平和(へいわ)呆(ぼ)け'라고 말하면서 그들을 비난합니다. '呆(ぼ)け'은 원래 '멍청해짐' 혹은 '노망' 등을 의미하는 부정적인 말입니다. 캐나다도 모병제입니다. 하지만 캐나다의 젊은이를 향한 '平和(へいわ)呆

(ぼ)け’ 같은 비난하는 소리는 들은 적이 없습니다.

7) **가족** : 家族(かぞく)

‘核家族(かくかく, 핵가족)’, ‘家族全員(かぞくぜんいん, 가족 전원)’, ‘離散家族(りさんかぞく, 이산가족)’, ‘家族会議(かぞくかいぎ, 가족회의)’ 같은 한자어가 있습니다. ‘家族(かぞく)’와 비슷한 표현으로 ‘一家(いっか, 일가)’가 있습니다. 관련 어휘로는 아내를 뜻하는 ‘家内(かない, 가내)’가 있습니다. ‘女房(にょうぼう, 여방)’라는 말도 아내를 의미합니다.

캐나다에는 한국인 ‘기러기 가족’이 참 많습니다. 일본인은 거의 없습니다. 아이의 조기 유학을 위해 엄마가 아이들을 데리고 몇 년간 고생합니다. 이민 목적이 아니라면, 아이의 대학 진학과 동시에 엄마는 한국으로 귀국하는 것 같습니다. 그나마 부모 중의 한 사람이라도 아이와 함께 있는 경우는 다행입니다. 만 12세 이상이 되면 아이 혼자서도 캐나다에서 유학할 수 있다고 합니다. 이런 아이가 적지 않은 것 같습니다.

8) **결핵** : 結核(けっかく)

JLPT 1급에 해당하는 고급 한자어입니다. ‘結核患者(けっかくかんじゃ, 결핵 환자)’, ‘肺結核(はいけっかく, 폐결핵)’, ‘結核死亡率(けっかくしぼうりつ, 결핵 사망률)’ 같은 한자어가 있습니다. ‘결핵에 걸리다’는 ‘結核(けっかく)にかかる’이고, ‘결핵 증후(증상)’은 ‘結核(けっかく)の症候(しょうこう)’이고, ‘폐결핵으로 입원하다’는 ‘肺結核(はいけっか

く)で入院(にゅういん)する'입니다.

9) **소설** : 小説(しょうせつ)

JLPT 3급입니다. 관련 한자어로는 '恋愛小説(れんあいしょうせつ, 연애소설)', '連載小説(れんさいしょうせつ, 연재소설)', '推理小説(すいりしょうせつ, 추리소설)', '短編小説(たんぺんしょうせつ, 단편소설)', '大河小説(たいがしょうせつ, 대하소설)' 등이 있습니다.

일본에서 노벨문학상을 수상한 작가는 두 명입니다. 가와바타 야스나리(川端康成)와 오에 겐자부로(大江健三郎)입니다. 모두 작고했습니다. 한국에서도 2024년에 노벨문학상 수상자가 나왔습니다. 한강 작가입니다. 저는 이 소식을 캐나다에서 들었습니다. 며칠 후 대학교의 구내 서점에 가 봤습니다. 한강 작가의 영문판 소설이 즐비하게 진열되어 있었습니다. 캐나다에서 노벨문학상을 최초로 수상한 작가는 앨리스 먼로(Alice Munro)입니다. 2013년의 일입니다. 밴쿠버의 서쪽에는 밴쿠버섬이 있고, 밴쿠버섬에 있는 작은 도시 빅토리아에는 그가 경영하는 '먼로 서점'이 있습니다. 직접 가 봤습니다. 규모는 작았지만, 분위기가 좋은 멋진 책방이었습니다. 한강 작가도 <책방오늘>이라는 서점을 운영하고 있습니다.

10) **선진국** : 先進国(せんしんこく)

'工業先進国(こうぎょうせんしんこく, 공업 선진국)', '先進国首脳会議(せんしんこくしゅのうかいぎ, 선진국 수뇌 회의)' 곧 '선진국 정상회담' 같은 한자어가 있습니다. 반대말은 '後進国(こうしんこく, 후진국)'입니다. '선진국 대열에 끼다'는 '先進国(せんしんこく)の仲間入(なかまい)りをする'라고 말하면 됩니다.

1997년에 일본에 유학 하러 갔을 때 여러 가지 의미로 일본을 선진국이라고 생각했었습니다. 캐나다도 선진국입니다. 하지만 2024년에서 2025년에 걸쳐 캐나다에서 생활하면서 캐나다가 특별히 대단한 선진국이라는 생각은 하지 못했습니다. '선진국'이 되어 버린 한국에 익숙해졌기 때문이라고 생각합니다.

일본어 한자어 체크

健康(けんこう) 건강, 健全(けんぜん) 건전, 保健(ほけん) 보건, 健闘(けんとう) 건투, 滞留(たいりゅう) 체류, 長期滞留(ちょうきたいりゅう) 장기체류, 在留(ざいりゅう) 재류, 在留資格(ざいりゅうしかく) 재류 자격, 健康管理(けんこうかんり) 건강관리, 健康食(けんこうしょく) 보건식 혹은 건강식, 国民医療保険(こくみんいりょうほけん) 국민 의료 보험, 北海道(ほっかいどう) 홋카이도, 大学院生(だいがくいんせい) 대학원생, 院生(いんせい) 대학원생, 研究生(けんきゅうせい) 연구생, 修士課程(しゅうしかてい) 석사 과정, 博士課程(はかせかてい) 박사 과정, 思(おも)い出(で) 추억, 徴兵(ちょうへい) 징병, 徴兵制度(ちょうへいせいど)

징병 제도, 徵兵制(ちょうへいせい) 징병제, 自衛隊(じえいたい) 자위대, 家族(かぞく) 가족, 核家族(かくかぞく) 핵가족, 家族全員(かぞくぜんいん) 가족 전원, 離散家族(りさんかぞく) 이산가족, 家族会議(かぞくかいぎ) 가족회의, 一家(いっか) 일가(한 가족), 家内(かない) 아내, 女房(にょうぼう) 아내, 結核(けっかく) 결핵, 結核患者(けっかくかんじゃ) 결핵 환자, 肺結核(はいけっかく) 폐결핵, 結核死亡率(けっかくしぼうりつ) 결핵 사망률, 小説(しょうせつ) 소설, 恋愛小説(れんあいしょうせつ) 연애소설, 連載小説(れんさいしょうせつ) 연재소설, 推理小説(すいりしょうせつ) 추리소설, 短編小説(たんぺんしょうせつ) 단편소설, 大河小説(たいがしょうせつ) 대하소설, 先進国(せんしんこく) 선진국, 工業先進国(こうぎょうせんしんこく) 공업 선진국, 先進国首脳会議(せんしんこくしゅのうかいぎ) 선진국 수뇌 회의(정상회담), 後進国(こうしんこく) 후진국

정(定)

든든한 후원자

❁

    일본으로 유학하러 갈 때는 인천국제공항이 아직 개항하지 않았습니다. 김포국제공항에서 출발하여 홋카이도의 신치토시(新千歲) 공항에 도착했습니다. 처음 가는 곳이었지만 마중 나오는 사람은 없었습니다. 독신이었고, **일본어**[1]로 의사소통하는 데 별문제가 없었기 때문입니다. 감사하게도 선배 유학생이 **삿포로역**[2]에서 저를 맞이하겠다고 했습니다. 그는 저와 지도 교수가 같았습니다. 신치토세 공항에서 JR(Japan Railway)을 타고 약 1시간 30분 정도를 가서 삿포로역에서 내렸습니다. 벌써 해가 져서 주위가 어두웠습니다. 어렵지 않게 선배를 만났습니다. 그의 옆에는 **자전거**[3]가 두 대 놓여 있었습니다. 한 대는 선배 것이었습니다. 그는 "삿포로에서는 자전거가 없으면 생활하기 힘들다."고 말하면서, 저에게 다른 한 대를 준다고 했습니다. 너무 감사했습니다. 하지만 좀 당황했습니다. 어릴 때 자전거를 탄 이후 성인이 돼서 자전거를 타는 것은 처음이었기 때문입니다. 자전거가 유학 생활에서 복병이 될지는 몰랐습니다. 유학에 대한 사전 준비가 부족했다고 반성했습니다.

　연구년으로 떠나는 캐나다는 일본 유학 때와는 매우 달랐습니다. 독신도 아니었고 영어도 능통하지도 않았기 때문입니다. 가족을 동반했기에 신경 쓸 것이 한둘이 아니었습니다. 사전 준비를 잘해야 했습니다. 캐나다에서 사용할 **휴대폰**[4]을 개통해 놔야 했습니다. 이민 가방 6개를 포함하여 총 10개에 달하는 가방이 있었기에 공항 픽업도 예약해 두어야 했습니다. 밴쿠버는 서울과 달리 **자동차**[5]가 없으면 생활하기 힘든 도시였기에 자동차도 미리 봐 둬야 했습니다. 자동차와 관련된 자동차 **보험**[6]도 알아봐야 했습니다. 한국과 교통 규칙이 다른 것도 있어서 연습을 위해 도로 주행도 예약해야 했습니다. 자동차 구매를 위해 거액의 현금을 가져가야 했기에 도착하자마자 현금을 넣을 **은행**[7] 계좌도 만들어야 했습니다. 초등학교와 중학교에 다닐 아이들이 있었기에 밴쿠버 **교육청**[8]에도 가야 했습니다. 밴쿠버에 도착하여 당장 사용할 생활필수품도 사야 했습니다. 이뿐만이 아닙니다. 지역의 커뮤니티 센터와 공공도서관을 이용할 예정이기에 그곳에 관한 정보도 필요했습니다. 이 모든 것을 저 혼자서 알아보고 해야 한다고 생각하니 머리가 아팠습니다. 혼자서 할 수도 있었겠지만 좀 비용이 들더라도 전문가에게 도움을 받고 싶었습니다. **정착**[9] 서비스를 이용한 배경입니다.

〈정할 정(定)〉

의미: 정하다

음독:【てい】

定刻(ていこく) 정각, 決定(けってい) 결정, 確定(かくてい) 확정, 認定(にんてい) 인정, 定着(ていちゃく) 정착, 規定(きてい) 규정

훈독:【さだめる】 타동사

法律(ほうりつ)を定(さだ)める 법률을 정하다, 方針(ほうしん)を定(さだ)める 방침을 정하다

【さだまる】 자동사

制度(せいど)が定(さだ)まる 제도가 정해지다, 日取(ひどり)が定(さだ)まる 날짜가 정해지다

일본 유학 갈 때는 활용하지 않았던 정착 서비스를 이용하기로 했습니다. 정착 서비스에 대해 알아보니 호불호가 갈라고 있었습니다. 하지만 정착 서비스의 도움을 받기로 정했기에 업체를 살펴봤습니다. 유학원이 하는 곳이 있었고, 개인 사업체가 하는 곳이 있었고, 개인이 아르바이트 같은 성격으로 하는 곳이 있었습니다.

정착 서비스를 받은 후, 저는 다음과 같은 **후기**[10)]를 어떤 카페에 올렸습니다. 회사 이름은 나타내지 않으면서 인용하겠습니다.

밴쿠버(웨스트)에 온 지 벌써 한 달 정도가 되어 갑니다.

캐나다에 올 준비를 하면서 고민을 많이 한 것 중의 하나는 정착 서비스를 이용할 것인지 말 것인지였습니다. 비용이 동반되기 때문입니다. 유학원의 정착 서비스와 ○○○의 정착 서비스를 여러 군데 알아봤습니다. 그리고 ○○○에 소개된 정착 서비스의 한 업체와 계약을 했습니다. 결과는 대만족이었습니다.

정착 서비스 업체에 대한 후기 등을 살펴보면 만족과 불만족이 항상 공존합니다. 제가 만족했던 것은 기대 이상의 효과가 있었기 때문입니다. 바로 든든한 마음의 후원자가 생겼기 때문입니다. 지인이 없는 캐나다에서 뭔가 궁금하거나 도움이 필요할 때, 저는 제가 이용했던 정착 시비스의 대표님께 먼저 문의해 보고, 적절한 조언을 듣습니다.

정착 서비스 업체가 제공하는 서비스 내용은 거의 대동소이할 것으로 생각합니다. 또한 대부분 좋은 분들일 것입니다. 그럼에도 굳이 추천한다면 ○○○을 추천하고 싶습니다. 여러분의 든든한 후원자가 되어 주실 수 있기 때문입니다. ○○○의 대표님과 앞으로도 좋은 인연을 맺어 가고 싶습니다.

연구년을 마치고 온 지금도 제가 도움을 받았던 정착 서비스의 대표님과는 SNS를 통해 서로 연락을 취하고 있습니다.

1) **일본어** : 日本語(にほんご)

　　일본에서 '日本語(にほんご)'는 공용어입니다. 하지만 일본어는 한때 일본 열도를 벗어나서 식민지 조선과 대만 등에서 공용어로 쓰였습니다. 흔히 말하는 '제국 일본'의 시기입니다. '제국 일본'은 식민지에서 일본어를 보급하기 위해 노력했습니다. '제국 일본'의 선량한 신민(臣民)을 만들기 위해서였습니다. 이를테면 일본의 고유 정형시인 와카(和歌) 중에서 일본 정신이 담겨 있다고 생각되는 노래를 엄선하여 '일본어－조선어'의 대역(対訳) 형식으로 일본어와 일본 정신을 식민지 조선에 선전하고자 했습니다. 이런 작업에 동조한 지식인 중에는 시인이자 번역가로 알려진 김억 등이 있습니다. 이광수도 일본의 와카를 조선어로 번역했습니다. 이처럼 '제국 일본'은 식민지 조선에서 일본어 교육에 힘썼습니다. 영어 교육만큼은 아니지만 현재 일본어 교육의 학문적 수준이 세계적인 수준인 것은 이와 같은 '제국'의 경험이 적지 않게 영향을 미쳤다고 생각합니다. 최근에 K팝이나 K드라마 등으로 한국어에 대한 인기가 점점 고조되고 있지만, 그에 걸맞은 한국어 교육이 이루어지고 있다고는 말하기 어렵습니다. 여기에는 '제국'을 경영해 본 경험이 없었다는 것도 작용하고 있지 않을까요? 이와 더불어 '한국어'를 한민족이 사용하는 '우리말'로만 인식하는 것도 작용하고 있지는 않을까요? '민족'을 떠난 의사소통 수단으로써의 '글로벌 한국어'

라는 인식이 필요한 때라고 생각합니다.

그런 의미에서 브리티시컬럼비아대학교의 아시아학과에서 한국어를 가르치고 연구하는 로스 킹 교수를 소개하고 싶습니다. 그는 제가 브리티시컬럼비아대학교에서 연구년을 보낼 수 있도록 도움을 준 교수입니다. 로스 킹 교수는 미국인으로 예일대학교에서 한국어와 일본어를 전공한 후, 하버드대학교에서 한국어 관련 논문으로 박사 학위를 마쳤습니다. 중세 한국어와 방언 연구에 조예가 깊습니다. 논문과 저서를 집필하는 연구자이면서도 북미, 특히 미국에서 한국어를 보급하는 데 열성적인 노력을 기울였습니다. 대표적인 것이 <숲속의 호수> 설립입니다. 로스 킹 교수는 1999년에 미국의 미네소타주에 한국어 마을인 <숲속의 호수>를 만들어서 일반 시민을 대상으로 한국어 몰입형 교육을 최초로 시도했습니다. 그의 지론을 정리해 보면 다음과 같습니다. 첫째, 한국어는 이제 한국인만 사용하는 언어가 아닌 세계의 언어가 되었다는 것입니다. 따라서 외국에 있는 한국어 교육기관과 프로그램에 대한 한국 정부와 기업의 적극적인 지원이 더욱 요구된다고 힘주어 말합니다. 그리고 한국인이 가지고 있는 '언어 민족주의'에 대해서도 성찰할 필요가 있다고 지적합니다. 둘째, 그는 한자(漢字) 교육의 중요성을 강조하고 있습니다. 일본어와 한국어를 학습했고, 이후 한국어 전공자가 된 그가 한자 교육을 역설하는 이유는 간단했습니다. 일본어와 한국어에서 한자 어휘가 차지하는 비중이 지대하기 때

문이라는 것입니다. 그는 한글이라는 표기 수단이 위대하고
탁월하다는 것은 새삼 말할 필요가 없다고 강조합니다. 하지
만 그렇다고 그것이 한자 교육을 경시해야 하는 이유는 되지
못한다고 말합니다. 그는 한국인이 가지고 있는 한글이라는
문자에 대한 '문자 민족주의'를 지적하고 있습니다.

2) **삿포로역 : 札幌駅(さっぽろえき)**

　'札幌(さっぽろ, 찰황)'는 홋카이도의 도청이 있는 곳으로,
홋카이도에서 가장 큰 도시입니다. 인구는 약 200만 정도입
니다. 삿포로역은 홋카이도의 여러 곳을 JR로 연결하는 허브
같은 역할을 하고 있습니다. 삿포로역의 특징 중 하나는 삿포
로역을 중심으로 지하도가 상당히 발달해 있다는 점입니다.
삿포로는 겨울에 눈이 많이 내리기로 유명합니다. 폭설이
내릴 때는 지하도를 통해 다음 역까지 걸어갈 수 있습니다.
아주 길고 큰 지하도입니다. 지하도에는 크고 작은 쇼핑몰
도 형성되어 있습니다. 지하도는 아니지만 이와 흡사한 것
이 미국 시애틀의 언더그라운드입니다. 시애틀은 언더그라
운드 투어(Underground Tour)로 유명합니다. 19세기에 시
애틀에서 큰 화재가 발생했는데, 화재 복구를 하면서 도시의
낮은 지반과 홍수 문제를 해결하기 위해 기존의 지면보다 한
층 높이는 방식으로 도시 복구가 진행됐다고 합니다. 이런 과
정에서 자연스럽게 화재 피해를 당한 기존의 1층은 지하로
묻히게 됐고, 그 공간이 지금의 언더그라운드 투어의 명소가
됐다고 합니다. 소문에 이끌려 투어에 참가했습니다. 약 30

분 전후의 투어로 투어 시간은 생각보다 길지 않았고, 언더그라운드도 그다지 크지 않았습니다. 삿포로의 지하도를 경험한 저에게는 시애틀의 언더그라운드는 좀 시시했습니다. 기대가 크면 실망도 큰가 봅니다.

3) **자전거** : 自転車(じてんしゃ)

'自転車(じてんしゃ, 자전차)는 JLPT 4급에 속합니다. '자전거를 타다'는 '自転車(じてんしゃ)に乗(の)る'입니다.

일본에서 자전거는 거의 필수품에 가깝습니다. 출근할 때도, 등교할 때도, 시장에 갈 때도 자전거를 탑니다. 자전거 중에 'ママちゃり(mamatyari)'가 있습니다. 직역하면 '엄마용 자전거'입니다. 자전거 앞에 작은 바구니가 달려 있기 때문입니다. 하지만 명칭과 달리 남자도 탑니다. 저도 탔습니다. 시장이나 편의점 혹은 슈퍼마켓 등에서 간단한 쇼핑을 한 후 물건을 담기에 편리한 자전거이기 때문입니다. 자전거를 많이 타는 일본이라서 그런지 일본에는 자전거 도둑도 기승을 부립니다. 저도 두 번 정도 자전거를 잃어버린 적이 있습니다. '고학하는 유학생의 자전거를 훔쳐 가다니......' 당시 너무 화가 많이 나서 유학이고 뭐고 그냥 귀국하고 싶었습니다. 밴쿠버에도 자전거를 타는 사람을 종종 봤습니다. 제가 살았던 가족용 기숙사에는 자전거를 두는 곳이 있었습니다. 작은 아이가 자전거를 좋아해서 중고를 사 줬는데, 주위에서 "자전거 도둑이 있으니 조심하세요."라고 말해 주었습니다. 곧바로 두껍고 안전해 보이는 자전거 열쇠를 샀습니다. 그런데

열쇠 값이 자전거 중고 값과 큰 차이가 나지 않았습니다.

4) **휴대폰** : 携帯電話(けいたいでんわ)

　'携帯電話(けいたいでんわ)'를 직역하면 '휴대 전화'가
됩니다. '携帯電話(けいたいでんわ)'를 줄인 '携帯(けいた
い, 휴대)'도 휴대 전화를 가리킵니다. 'スマートフォン(suma-
tohon)'을 줄여서 'スマホ(sumaho)'라고도 합니다. 'スマート
フォン'은 영어 'Smart Phone'에서 온 말입니다. 일본인은 아
이폰을 사랑합니다. 애플과 아이폰에 대한 충성도가 매우 높
기 때문입니다. 캐나다에 갈 때 쓰던 휴대폰을 그대로 가져갔
습니다. 한국용 휴대폰에 캐나다의 이심(eSIM)만 설치하여
한국과 캐나다에서 동시에 업무를 볼 수 있도록 했습니다. 스
마트폰이었기에 가능했습니다.

5) **자동차** : 自動車(じどうしゃ)

　JLPT 4급에 들어가는 기본 한자어입니다. '일제 자동차'
는 '日本製(にほんせい)の自動車(じどうしゃ)'입니다.

　일본에는 도요타, 혼다, 닛산 등 우리에게 잘 알려진 자동
차 브랜드가 많습니다. 일본에 가 보면 독일이나 미국의 자동
차도 보이지만 일본의 자동차가 대다수를 차지합니다. 캐나
다는 자동차가 필수품입니다. 자동차가 없으면 아주 불편합
니다. 캐나다에서 한국 자동차 브랜드를 종종 볼 수 있었습니
다. 직관적으로 봤을 때 가솔린차보다는 전기차 비중이 큰 것
같습니다. 그런데 아주 흔하게 보이는 자동차 브랜드가 있었
습니다. 일본 자동차 브랜드입니다. 한국인에게 잘 알려진 도

요타, 혼다, 닛산은 말할 것도 없고, 마쓰다, 스바루 등 한국인에게는 그다지 인지도가 높지 않은 자동차 브랜드도 다수 있었습니다. 자동차만 보면 여기가 캐나다인지 일본인지 구별이 되지 않을 정도였습니다. 특히 북미의 서부에 있는 밴쿠버와 시애틀 등에서 일본의 자동차는 더욱 눈에 띄었습니다.

6) **보험 : 保険(ほけん)**

　　JLPT 1급에 해당합니다. '生命保険(せいめいほけん, 생명 보험)', '火災保険(かさいほけん, 화재 보험)' 등이 있습니다. '보험에 들다'는 '保険(ほけん)をかける'가 되고, '보험을 해약하다'는 '保険(ほけん)を解約(かいやく)する'가됩니다.

　　일본 유학 당시 유학생은 저렴한 비용으로 국민 건강 보험에 가입할 수 있었습니다. 많은 혜택을 받았습니다. 캐나다는 입국해서 약 3개월간은 사보험에 가입해야 하고, 그 후부터는 주(州)의 보험에 무료로 가입할 수 있었습니다. 그래서 3개월간은 여행자 보험에 들었습니다. '여행자 보험'을 일본어로 보통 '海外旅行保険(かいがいりょこうほけん, 해외 여행 보험)'이라고 부릅니다.

7) **은행 : 銀行(ぎんこう)**

　　JLPT 4급에 해당하는 기본 한자어입니다. '銀行員(ぎんこういん, 은행원)', '銀行家(ぎんこうか, 은행가)' 등이 있습니다.

　　일본에서 은행에 가면 유니폼을 입고 일하는 은행원을 보게 됩니다. 한국의 은행원은 어떨까요? 사복을 입습니다. 이럴 때면 역시 일본은 '제복의 문화'이고 집단주의 문화라는 생각을 갖게 됩니다. 이런 관점에서 캐나다의 은행이 궁금했습니다. 한국과 같은 사복이었습니다. 밴쿠버에 있는 몇 군데 은행을 가 봐도 마찬가지였습니다. 그런 점에서 한국과 같았습니다. 다른 점은 손톱을 길게 하고 매니큐어까지 한 직원도 있었습니다. 하지만 저를 놀라게 했던 것은 그것이 아니었습니다. 밴쿠버의 특색일 수도 있지만 중국계나 인도계로 보이는 이민자가 직원으로 다수 근무하고 있었습니다. 이민의 나라, 다문화 국가의 한 단면을 보는 순간이었습니다.

8) **교육청** : 教育庁(きょういくちょう)

'教育委員会(きょういくいいんかい)' 곧 '교육 위원회'라는 말도 쓸 수 있습니다. 일본에서 유학할 때는 교육청에 갈 일이 없었습니다. 하지만 캐나다에 갔을 때는 교육청에 자주 갔었습니다. 초등학생과 중학생의 아이가 있었기 때문입니다. 어느 날의 일입니다. 교육청에 가서 서류를 제출한 후 아이들의 학년을 배정받았습니다. 이곳에서 일하는 직원 중에도 이민자가 많았습니다. 캐나다가 이민 사회라는 것을 곳곳에서 목격할 수 있었습니다. 흥미로웠던 것은 기초 학력 측정을 할 때, 캐나다 출신으로 지역을 옮겨온 아이들과 함께 외국에서 온 아이들도 수학과 영어 시험을 봤다는 것입니다.

9) **정착** : 定着(ていちゃく)

'民主主義(みんしゅしゅぎ)が定着(ていちゃく)する' 곧 '민

주주의가 정착하다' 같이 쓰입니다.

　일본에서 공부할 때입니다. 한 3년 정도 지내니까 이곳에 정착했다는 느낌이 들었습니다. 주변도 익숙해졌고, 주위에 아는 사람도 많아졌기 때문입니다. 뿌리를 내린 것입니다. 일본어에 '根(ね)を下(おろ)す'라는 표현이 있습니다. 말 그대로 '뿌리내리다'입니다. 정착을 뜻합니다.

10) **후기** : 後記(こうき)

　'編集後記(へんしゅうこうき, 편집 후기)'가 대표적입니다. 같은 의미로 '後書(あとがき, 후서)'라는 표현도 씁니다. 관련 어휘로 서문 혹은 머리말에 해당하는 '前(まえ)書(が)き'라는 표현도 있습니다. 이것과 동일한 의미로 '序文(じょぶん, 서문)'도 알아 두면 좋을 것 같습니다.

일본어 한자어 체크

法律(ほうりつ) 법률, 方針(ほうしん) 방침, 制度(せいど) 제도, 日取(ひどり) 날짜, 定刻(ていこく) 정각, 決定(けってい) 결정, 確定(かくてい) 확정, 認定(にんてい) 인정, 定着(ていちゃく) 정착, 規定(きてい) 규정, 日本語(にほんご) 일본어, 和歌(わか) 일본 고유 정형시, 札幌駅(さっぽろえき) 삿포로역, 自転車(じてんしゃ) 자전거, 携帯電話(けいたいでんわ) 휴대폰, 自動車(じどうしゃ) 자동차, 保険(ほけん) 보험, 生命保険(せいめいほけ

ん) 생명 보험, 火災保険(かさいほけん) 화재 보험, 海外旅行保険(かいがいりょこうほけん) 해외 여행자 보험, 銀行(ぎんこう) 은행, 銀行員(ぎんこういん) 은행원, 銀行家(ぎんこうか) 은행가, 教育庁(きょういくちょう) 교육청, 教育委員会(きょういくいいんかい) 교육 위원회, 後記(こうき) 후기, 編集後記(へんしゅうこうき) 편집후기, 後書(あとがき) 후기. 前(まえ)書(が)き 서문 혹은 머리말, 序文(じょぶん) 서문

제2장

일본과 캐나다에서

叩　難　宿　荷　健

定　人　夏　白　木

体　英　境　園　夜

気　交　移　心

제1절

입(入)

까다로운 입국 심사

❀

일본에 유학 하러 갔을 때 **입국**[1] 심사를 받았습니다. 대학에서 **일본어 교육**[2]을 전공했기 때문에 일본어로 일상 회화는 어느 정도 가능했지만 처음 경험하는 입국 심사였기에 긴장을 많이 했습니다. '왜 입국하느냐?'에 '유학입니다'라고 짧게 대답했습니다. '얼마나 머물 예정이냐?'에는 '일단 1년이지만 연장할 계획이다'라고 응답했습니다. '돌아갈 비행기표는 있느냐?'에는 '없다'라고 말했습니다. '**현금**[3]을 얼마 가지고 왔느냐?'에는 '약 ○○엔이 있다'라고 했습니다. '아는 사람이 있냐?'에는 '지도 교수는 ○○이고, 그를 알고 있다'라고 이야기했습니다. 당시 저는 이민 가방을 가지고 있었습니다. 입국 심사관은 그 가방을 가리키며 '거기에는 뭐가 들어 있냐?'라고 물었습니다. '대부분이 책이다'라고 대답했습니다. '그럼 됐다'라고 말하기에, '고맙다'라고 인사했습니다. 지금 생각해도 무척 긴장했던 것 같습니다.

사실 제가 긴장한 이유는 크게 두 가지였습니다. 하나는 해외에 나가는 것이 처음이었기에 그랬습니다. 다른 하나는 저의 일본(인)관 때

제1절 입(入) : 까다로운 입국 심사 **95**

문이었습니다. 당시 저에게는 일본(인)에 대한 우월 의식과 피해 의식도 있었지만, **열등 의식**[4]이 강하게 자리를 잡고 있었습니다.

〈들 입(入)〉
의미: 들다, 들이다
음독: 【にゅう】
　　　入学(にゅうがく) 입학, 入浴(にゅうよく) 입욕, 突入(と
　　　つにゅう) 돌입, 入金(にゅうきん) 입금, 編入(へんにゅ
　　　う) 편입, 侵入(しんにゅう) 침입
훈독: 【いれる】 타동사
　　　手(て)を入(い)れる 손을 넣다, 病院(びょういん)に入
　　　(い)れる 병원에 입원시키다, 力(ちから)を入(い)れる
　　　힘을 쏟다
　　　【はいる】 자동사
　　　部屋(へや)に入(はい)る 방에 들어가다, 教室(きょうし
　　　つ)に入(はい)る 교실에 들어가다, お風呂(ふろ)に入
　　　(はい)る 목욕탕에 들어가다

일본에 첫발을 내디뎠던 1997년 10월에는 일본과 한국 사이에 경제적인 측면이나 문화적인 측면에서 격차가 아주 심했습니다. 지금의 MZ세대처럼 '태어나 보니 한국은 선진국'이 아니었습니다. 당시 일본 경제가 버블이라는 말도 있었지만, 지금과 달리 일본은 '대단한

선진국'이라고 여겨졌습니다. 돌이켜보면 부끄럽습니다만 그런 일본의 위상에 열등 의식을 가지고 있었습니다. 일본에 가서 그 의식은 더욱 증폭됐습니다. 대학 건물의 현관문은 모두 자동문이었습니다. 대학에 비치된 자판기 커피는 다방 커피가 아니라 원두를 갈아서 마시는 원두**커피**[5]였습니다. 서울에서 대학에 다녔지만, 당시 한국의 대학에서는 상상도 할 수 없는 풍경이었습니다. 삿포로는 외국인으로 넘쳐나는 **국제도시**[6]였고, 거리의 건물들은 화려하지는 않았지만 잘 정돈되어 있었습니다. 가전제품 판매장에 가면 SONY 등의 최신 제품이 진열되어 있었습니다. 감탄의 연속이었습니다. 일제강점기 때 이광수가 동경에 있는 동경역(東京駅)을 자기 눈으로 직접 확인한 후, '제국 일본'과 '식민지 조선'의 격차를 절감했듯이 저는 삿포로에서 그와 비슷한 감정을 느꼈습니다. 부끄럽게도 당시 저는 그렇게 느꼈습니다. 이와 같은 열등 의식을 가지고 있었기에 입국 심사관에게 주눅이 들어 있었던 것입니다.

밴쿠버 공항에서 입국 심사를 받을 때입니다. 이번에도 일본 유학 때와 같이 긴장을 많이 했습니다. 캐나다에 대해서는 열등 의식 같은 것은 없었습니다. 캐나다는 **단풍**[7]의 나라이고, 로키산맥이 있는 자연이 아름다운 나라입니다. 메이플시럽(Maple Syrup)으로 유명한 나라이고, 김연아 선수가 밴쿠버 동계 올림픽에서 금메달을 딴 곳입니다. 밴쿠버에 대해 제가 알고 있는 것은 이것이 전부였습니다.

긴장했던 이유는 영어 실력이 부족했기 때문이었습니다. 덩치도 있고 키도 큰 백인 심사관이 저에게 물었습니다. '왜 입국하느냐?'에 '연구년으로 왔습니다'라고 짧게 대답했습니다. '얼마나 머물 예정이냐?'에는 '나는 6개월 정도이지만 가족은 1년이다'라고 응답했습니다. '돌아갈 비행기표는 있느냐?'에는 '나는 있지만 가족은 없다'라고 말했습니다. '현금을 얼마 가지고 왔느냐?'에는 '약 ○○ 달러가 있다'라고 했습니다. '아는 사람이 있냐?'에는 '나를 초대해 준 교수는 ○○이고, 그를 알고 있다'라고 이야기했습니다. 입국 심사관이 이민 가방을 포함하여 10개에 달하는 가방을 가리키며 '거기에는 뭐가 들어 있냐?'라고 묻기에 '**의복**[8]과 생활필수품 등이 있다'라고 말했습니다. '그럼 됐다'라고 말하기에 '고맙다'라고 대답했습니다. 그리고 미리 암기해 둔 '행복한 하루를 보내길 바란다'라고 말했습니다. 그러자 무표정한 얼굴로 심사관은 '너도 그러길 바란다'라고 대답해 주었습니다.

그런데 일본에 유학 하러 갔을 때와는 다르게 이번에는 또 한 번의 입국 심사가 저를 기다리고 있었습니다. 비자 때문이었습니다. 바자를 입국 공항에서 받기로 했기 때문입니다. 비자 받는 곳으로 가 보니 우리 가족처럼 비자를 기다리는 사람이 적지 않았습니다. 심사관이 이쪽으로 오라는 눈치를 주자 그쪽으로 가서 준비해 온 **서류**[9]를 모두 제출했습니다. 우리에게 기다리라고 말했습니다. 한참 동안 기다렸습니다. 그러더니 '현금을 왜 많이 가지고 왔냐고?'라고 물었습니다. 캐나다에 입국할 때 현금을 10,000달러, 한화로 약 1,000만 원 이상 가지고 올 때는 사전에 신고해야 합니다. '사전 신고는 했다'라고 말하면서 '중고 자동차를 사기 위해서이고, 초기 **정착**[10]금이 필요했기 때문이다'라고 대답했습니다. 한 뭉치의 서류를 저에게 넘겨주더니 '이것을 작성해라'라고 했습니다. 열심히 써 봤지만, 용어가 생소하기도 하고 영어이다 보니 많이 우물쭈물했습니다. 이런 모습을 지켜보기가 안쓰러웠던지 백인 여성 심사관이 자기에게 서류를 달라고 하더니 저를 대신하여 빈칸을 모두 채워주었습니다. 무척 고마웠습니다.

더 알고 싶은 일본어 한자어

1) **입국** : 入国(にゅうこく)

　　관련 한자어에 '入国許可(にゅうこくきょか, 입국 허가)', '密入国(みつにゅうこく, 밀입국)' 등이 있습니다. '입국 절차'는 '入国(にゅうこく)手続(てつづ)き'이고, '입국을 거절 당했다'는 '入国(にゅうこく)を拒絶(きょぜつ)された'입니다. '入国(にゅうこく)'의 반대말은 '出国(しゅっこく, 출국)'입니다.

　　입국 허가는 보통 상대방 국가의 공항에 도착해서 받습니다만, 캐나다의 밴쿠버 공항을 통해서 미국으로 입국할 때는 밴쿠버 공항에서 미국에 들어가는 입국 심사를 받습니다. 결과를 빨리 알 수 있기 때문에 편합니다. 육로를 통해 캐나다에서 미국으로 입국할 때는 국경이 여러 군데에 있기에 정체가 심하지 않은 곳을 고르는 것이 중요합니다. 육로로 국경을 넘는 것은 한국인에게는 낯선 풍경입니다.

2) **일본어 교육** : 日本語教育(にほんごきょういく)

　　일본어에는 '日本語教育(にほんごきょういく)'라는 말과

함께 '国語教育(こくごきょういく, 국어 교육)'라는 말이 있습니다. '일본어 교육'은 외국인을 대상으로 하는 교육이고, '국어(国語) 교육'은 일본 국민을 대상으로 하는 교육입니다. 교육 대상에 따라서 '일본어 교육'과 '국어 교육'이라는 말을 구분하고 있습니다.

놀랍게도 영어 교육과 영문학 교육이 먼저 이루어진 곳은 영국이 아니라 인도였다고 합니다. 식민지에서 영어 교육이 본격적으로 시작됐다는 것은 영어 교육의 역사가 식민지 정책과 밀접한 관련이 있다는 것을 보여 줍니다. 일본어 교육도 마찬가지입니다. 그런데 밴쿠버에 있을 때 이민자를 대상으로 하는 영어 교육의 현장을 접할 수 있었습니다. 커뮤니케이션 센터 같은 곳에서는 은퇴한 캐나다인이나 인도계 이민자가 봉사 활동 차원에서 새로운 이민자에게 영어 교육을 했습니다. 흥미롭게도 캐나다 영어는 미국 영어와 표기가 다른 것이 있습니다. 이를테면 '센터'의 미국 영어 표기는 'Center'이지만 캐나다 영어 표기는 'Centre'입니다.

3) **현금 : 現金(げんきん)**

'현금 거래'는 '現金取引(げんきんとりひき, 현금 취인)'입니다. '現金自動支払機(げんきんじどうしはらいき, 현금 자동 지불기)'라는 표현도 있습니다. '現金(げんきん)'은 'キャッシュ(kyassyu)'라고도 합니다. 영어 'Cash'입니다.

일본에서 생활할 때 불편한 것이 있었습니다. 지금은 예전에 비해 좋아졌지만, 신용 카드를 사용할 수 있는 곳이 한국과 비교해 적었기 때문입니다. 동전도 많이 쓰기 때문에 돈을 셀 때 어려움이 적지 않았습니다. 그런 의미에서 캐나다는 아주 편했습니다. 한국과 같다고 보면 됩니다. 어떤 곳은 현금을 받지 않고 카드만 받기도 합니다. 특히 야간에는 카드만 받는다고 공지하는 곳도 많습니다. 이것은 치안과 관련됐다고 생각합니다. 미국보다는 덜 하겠지만 캐나다도 야간에는 안전하지 않은 곳이 많기 때문입니다. 캐나다의 지폐는 플라스틱 소재로 만들어져 있습니다. 그래서 물에 젖지도 않고 잘 찢어지지도 않습니다. 또한 체크(Cheque)라는 것도 있습니다. 개인이 발행하는 수표 같은 것입니다. 우리에게는 익숙하지 않은 화폐입니다.

4) **열등 의식 : 劣等意識(れっとういしき)**

'劣等感(れっとうかん, 열등감)'이 비슷한 개념입니다. 일본의 대학, 특히 국립대학에 들어가기 위해서는 한국의 수능 시험과 같은 센터(Center) 시험과 함께 대학의 본고사 시험을 봐야 합니다. 전공에 따라 약간 다르기는 하지만 대학에 순위가 명확합니다. 어느 대학에 다니느냐에 따라서 엘리트 의식과 같은 우월 의식을 느끼기도 하고 반대로 열등 의식을 갖기도 합니다. 최근에 김누리는 『경쟁 교육은 야만이다 - 김누리 교수의 대한민국 교육혁명』(해냄, 2024)이라는 인상 깊은 책을 출간했습니다. 그는 여기서 우열을 정하는 한국의 교육은 잠재적인 파시스트 엘리트를 양성하는 교육이라고 강하게 비판하고 있습니다. 다소 과격하게 들릴 수도 있지만,

귀 기울여 들을 부분이 적지 않다고 생각합니다. 사실 저도 이와 비슷한 생각을 하고 있었기 때문입니다. 한국의 엘리트 의식에는 사회에 대한 책임감이나 약자에 대한 배려가 매우 부족하다고 평소 느끼고 있었기 때문입니다.

5) **커피 : 珈琲(コーヒー)**

커피 곧 영어 'Coffee'를 일본어로 'コーヒー(ko-hi-)'와 같이 가타카나로 표기합니다. 하지만 예전에는 '珈琲(가배)'처럼 한자로 나타내기도 했습니다. 지금도 전통이 있는 커피숍은 '珈琲'라고 쓰기도 합니다. 한국에서도 커피를 '가배차' 혹은 '가비차'라고 불렀다고 합니다(강준만·오두진『고종 스타벅스에 가다: 커피와 다방의 사회사』인물과사상사, 2008년, 24쪽).

일본에는 맛있는 커피숍이 정말로 많습니다. 하다못해 편의점에서 판매하는 100엔 정도 하는 커피도 맛이 좋은 편입니다. 일본 유학 시절 연구실에서는 대학원생들이 돈을 모아서 원두커피를 사곤 했습니다. 인도네시아, 베트남, 케냐 등 다양한 국가에서 생산된 커피를 맛볼 수 있었던 것은 흥미로웠습니다. 놀라웠던 것은 일본인이 상당히 진하게 커피를 마신다는 점이었습니다. 다방 커피나 보리차 같은 커피만 마시던 저로서는 당시 상당히 충격적이었습니다. 캐나다에는 국민 브랜드가 있습니다. '팀홀튼(Tim Hortons)'입니다. 팀스(Tim's), 티미스(Timmies, Timmy's), 티미(Timmi) 같은 애칭도 가지고 있습니다. 한국에도 매장이 있는 이 '팀홀튼'은 캐나다에서는 정말로 유명합니다. 커피와 도넛 그리고 머핀을 주로 팝니다. 가격은 싸고 맛있어서 인기가 대단합니다. 특히 커피와 머핀은 가성비가 최고라고 생각합니다. 머핀 중에서는 블루베리 머핀이 정말 맛있습니다. 캐나다가 블루베리로 유명하기 때문인 것 같습니다. 캐나다의 아이스하키 선수였던 팀홀튼이 1964년에 온타리오주에서 도넛 매장으로 시작한 것이 '팀홀튼'입니다. '팀홀튼'은 소방관 등에게 커피와 도넛을 무료로 주는 등 사회 공헌에도 힘을 쏟았다고 합니다. 아름다운 기업이었습니다. 그러나 '팀홀튼'이 미국에 인수되면서 매장도 캐나다에 국한되지 않고 세계로 확대됐습니다. 도넛도 이전과 달리 냉동 도넛을 사용하기 시작했다고 합니다.

6) **국제도시** : 国際都市(こくさいとし)

'国際(こくさい, 국제)'는 JLPT 3급에 해당하는 한자어입니다. '国際交流(こくさいこうりゅう, 국제 교류)', '国際感覚(こくさいかんかく, 국제 감각)' 같은 어휘가 있습니다. '都市(とし, 도시)'는 JLPT 2급에 들어갑니다. 이 한자어가 포함된 한자어로는 '主要都市(しゅようとし, 주요 도시)', '都市計画(としけいかく, 도시 계획)' 등이 있습니다.

많은 외국인이 살고 있기에 삿포로는 국제 도시라고 부를 만합니다. 밴쿠버도 국제 도시로 손색이 없습니다. 여기에는 한국인도 적지 않지만, 중국인(대만과 홍콩 포함)과 인도인이 많습니다. 특히 인도계 이민자가 눈에 띕니다. 흥미로운 것은 인도계 이민자들이 몇몇 직종의 직업을 거의 석권하고 있다는 점입니다. 이를테면 택배업, 우버, 경비업 등에서는 인도계 이민자만 보일 정도입니다. 인도계 이민자가 캐나다에 많은 이유는 인도가 영국의 식민지였다는 역사적 배경과 밀접한 관련이 있습니다. 일찍부터 영연방의 일원으로 캐나다에 이주했고, 경찰 등의 일을 담당했다고 합니다.

7) **단풍** : 紅葉(もみじ)

일본어에서는 단풍(丹楓)이라는 한자어는 쓰지 않습니다. 그 대신 'もみじ'나 'こうよう'라고 말하면서 '紅葉(홍엽)'이라는 한자어를 사용합니다. 지명에도 'もみじ'라는 말을 쓰기도 합니다. 삿포로에 있는 'もみじ台(だい)'가 그것입니다. 이름 그대로 단풍이 아름다운 곳입니다.

단풍이라고 하면 캐나다를 뺄 수 없습니다. 단풍의 나라이기 때문입니다. 캐나다의 맥도날드 로고에는 단풍잎이 작게 그려져 있습니다. 일본이나 한국의 맥도날드에는 일장기와 태극기가 없다는 것을 생각해 보면, 미국 기업인 맥도날드에 캐나다의 색채를 넣고 싶었던 것입니다. 캐나다의 자존심이라고도 볼 수 있겠습니다. 귀국을 앞둔 어느 날 집 주변에 떨어져 있던 단풍잎 하나를 주웠습니다. 기념으로 가져왔습니다.

8) **의복** : 衣服(いふく)

JLPT 2급에 들어갑니다. 간단히 '服(ふく, 복)'라고도 합니다. 일본의 전통 옷인 '着物(きもの, 착물)'는 '和服(わふく, 화복)'라고 합니다.

삿포로에 사는 사람들이 가지고 있는 큰 특징 중의 하나는 모자가 달린 후드 티나 후드 코트를 잘 입는다는 것입니다. 삿포로처럼 눈이 많이 내리는 지방에서는 우산이 무용지물이기 때문입니다. 밴쿠버에 거주하는 사람들도 후드 티나 후드 코트를 즐겨 있습니다. 이슬비나 가랑비 같은 비가 자주 내리기 때문입니다. 특히 늦가을과 겨울은 우기에 들어가기 때문에 시도 때도 없이 비가 내립니다. 우산 쓰기는 귀찮고 해서 그냥 후드 티 또는 후드 코트를 입고 모자를 뒤집어씁니다. 눈과 비의 차이는 있지만 두 지역 사람에게 모자 달린 옷은 필수품입니다. 또한 비가 많이 내리기 때문에 방수 신발도 필수품입니다. 그중에서도 베시(Vessi)는 인기가 많습니다. 방수가 되는지 사서 신어 봤습니다. 훌륭했습니다.

9) **서류** : 書類(しょるい)

JLPT 2급에 해당합니다. '重要書類(じゅうようしょるい, 중요 서류)', '秘密書類(ひみつしょるい, 비밀 서류)', '書類審査(しょるいしんさ, 서류 심사)'가 대표적인 한자어입니다.

일본도 서류 사회였지만 캐나다도 서류 사회였습니다. 같은 서류 사회이지만 큰 차이점이 있었습니다. 일본에서는 '判子(はんこ, 판자)'라고 하여 '도장'이 꼭 필요했습니다. 사인이 안 되는 경우가 적지 않았습니다. 캐나다에서는 사인만 하면 됐습니다.

10) **정착** : 定着(ていちゃく)

'민주주의가 정착하다'는 '民主主義(みんしゅしゅぎ)が

定着(ていちゃく)する'이고, '정각에 도착했다'는 '定時(て
いじ)に到着(とうちゃく)した'입니다.

영어 'Takeover'라는 말이 있습니다. 인계 혹은 인수라는
말입니다. 이를테면 어떤 사람이 쓰던 생활용품 전부를 모두
건네주거나 건네받을 때 이 'Takeover'를 사용합니다. 일본
어로는 'テイクオーバー(teikuo-ba-)'라고 합니다. 일본으로
유학을 갈 때는 혼자였기에 'テイクオーバー'를 할 필요가 없
었지만, 캐나다로 연구년을 떠날 때는 가족이 움직였기에
'Takeover'를 선택했습니다.

手(て) 손, 病院(びょういん) 병원, 力(ちから) 힘, 部屋(へや) 방,
教室(きょうしつ) 교실, 風呂(ふろ) 목욕탕, 入学(にゅうがく) 입
학, 入浴(にゅうよく) 입욕, 突入(とつにゅう) 돌입, 入金(にゅうき
ん) 입금, 編入(へんにゅう) 편입, 侵入(しんにゅう) 침입, 入国
(にゅうこく) 입국, 入国許可(にゅうこくきょか) 입국 허가, 密入国
(みつにゅうこく) 밀입국, 入国(にゅうこく)手続(てつづ)き 입국
절차, 出国(しゅっこく) 출국, 日本語教育(にほんごきょういく)
일본어 교육, 国語教育(こくごきょういく) 국어 교육, 現金(げんき
ん) 현금, 現金取引(げんきんとりひき) 현금 거래, 現金自動支
払機(げんきんじどうしはらいき) 현금 자동 지불기, 劣等意識

(れっとういしき) 열등 의식, 劣等感(れっとうかん) 열등감, 珈琲 (コーヒー) 커피, 国際都市(こくさいとし) 국제 도시, 国際(こくさい) 국제, 国際交流(こくさいこうりゅう) 국제교류, 国際感覚(こくさいかんかく) 국제 감각, 都市(とし) 도시, 主要都市(しゅようとし) 주요도시, 都市計画(としけいかく) 도시 계획, 紅葉(もみじ) 단풍, 衣服(いふく) 의복, 着物(きもの) 일본 전통 옷, 和服(わふく) 일본 옷, 書類(しょるい) 서류, 重要書類(じゅうようしょるい) 중요서류, 秘密書類(ひみつしょるい) 비밀 서류, 書類審査(しょるいしんさ) 서류 심사, 判子(はんこ) 도장, 定着(ていちゃく) 정착

제2절

하(夏)

밴쿠버의 여름

❀

일본은 홋카이도에서 오키나와(沖繩)까지 남북으로 길게 뻗어 있는 열도입니다. 따라서 남과 북의 기온과 풍토가 매우 다릅니다. 홋카이도는 봄이 짧지만 겨울이 길고, 오키나와는 항상 여름 같은 날씨입니다. 홋카이도는 3월과 4월에도 겨울에 내렸던 눈이 아직 남아 있는 곳이 있습니다. 그래서 봄이 가장 깨끗하지 않습니다. 쌓여 있던 눈이 녹기 시작하면서 아주 지저분해지기 때문입니다. 홋카이도 여행은 여름과 가을 그리고 겨울이 좋습니다.

홋카이도의 **여름**[1]은 매우 좋습니다. **기후**[2] 변화로 30도에 가까운 때도 있지만, 보통은 기온이 올라가도 25도 정도입니다. 게다가 건조합니다. 쾌적할 수밖에 없습니다. 에어컨이 없어도 지내기에 큰 어려움이 없습니다. 선풍기 정도만 있으면 충분합니다.

가을도 좋습니다. **가을바람**[3]이 신선해서 좋습니다. 늦가을부터 멋진 일루미네이션(Illumination)이 거리를 장식합니다. 보기 좋습니다. 마음마저 따뜻해집니다. 일루미네이션은 **낙엽**[4]이 진 앙상한 **나무**[5]만

보던 삭막해진 마음을 따뜻하게 해 주는 데 충분합니다.

〈여름 하(夏)〉

의미: 여름

음독: 【か】

夏季(かき) 하계, 夏至(げし) 하지, 夏期(かき) 하기,

初夏(しょか) 초여름

훈독: 【なつ】

真夏(まなつ) 한여름, 夏祭(なつまつり) 여름 축제

겨울은 더욱 좋습니다. 홋카이도는 지역에 따라서 다소 차이가 나지만, 11월부터 눈이 내리기 시작합니다. 낙엽이 진 앙상한 나뭇가지에 눈이 내리면 다채로운 눈꽃이 핍니다. 봄의 벚꽃과 비교해도 전혀 손색이 없습니다. 저녁 조명을 받으면 더욱 예쁘게 느껴집니다.

캐나다는 동부와 서부로 기후가 크게 다릅니다. 국토가 넓은 나라이기 때문입니다. 토론토가 있는 동부의 여름은 살인적인 데 반해, 밴쿠버가 있는 서부의 여름은 쾌적합니다. 토론토의 겨울이 혹독할 때, 밴쿠버는 온화합니다. 캐나다에서 밴쿠버가 '하와이'라고 불리는 이유입니다.

밴쿠버의 봄은 기온이 올라가서 좋기는 하지만 여전히 비가 자주 내리기에 선뜻 권하기 어렵습니다. 가을도 좋기는 하지만 **일조량**6)이 적어지고 비도 자주 오기 때문에 내키지 않습니다. 겨울도 온화하기

는 하지만 더욱 해를 보기 어렵게 되고, 비도 더욱 많이 내리기에 가능한 피하라고 말하고 싶습니다.

그러나 여름은 전혀 다릅니다. 환상적입니다. 삿포로의 여름도 좋지만, 밴쿠버의 여름은 그 이상입니다. 건조하면서 바람도 신선하기 때문입니다. 특히 밴쿠버의 서쪽 곧 태평양의 해안가 근처는 천국과 같습니다. 밴쿠버의 여름을 경험하면 고온 다습한 일본의 동경 같은 도시에서는 살 수 없을지도 모릅니다.

일본에서 가장 오래된 **고전**[7] 중에 『**만엽집(**万葉集**)**』[8]이라는 고전 작품이 있습니다. 여기에는 다음과 같이 봄과 가을 중 어느 쪽이 좋은가를 읊은 노래가 실려 있습니다. 누카타노 오호키미(額田王)라는 여성 가인(歌人)의 작품입니다. 인용은 이연숙 역주의『한국어역 만엽집 1』(박이정, 2012년, 51쪽)에 따릅니다.

권1, 16번
겨울 지나고
봄이 돌아오면은
울지 않았던
새[9]도 와서 울고요
피지 않았던
꽃도 곱게 피지만
산이 울창해
들어가지 못하고
풀이 우거져

꺾어 볼 수 없네

가을의 산의
나뭇잎을 보면
물든 잎일랑
손에 들고 보고요
푸른 잎일랑
두고서 탄식하네
그것이 한스럽네

가을 산이 좋아 난

위 노래에서 누카타노 오호키미는 가을 **산**[10]이 좋다고 말합니다. 이 작품의 배경은 일본의 나라현(奈良県)입니다. 일본 본토의 고온 다습한 지역에서 여름을 찬미하는 노래는 나오기 어렵다고 생각합니다.

저는 여름을 좋아합니다. 밴쿠버의 여름은 더욱 좋습니다. 사계절 중에 특정한 계절을 찬미하는 노래를 작사하라고 하면 저는 서슴없이 여름에 관한 노래를 짓겠습니다. 다만 홋카이도와 밴쿠버의 여름에 한정합니다.

1) **여름** : 夏(なつ)

　　JLPT 4급에 해당하는 기본 한자어입니다. '한여름'은 '真夏(まなつ, 진하)'라고 합니다. '춘하추동'은 '春夏秋冬(しゅんかしゅうとう)'입니다. '하지'는 '夏至(げし)'라고 하고, '동지'는 '冬至(とうじ)'라고 부릅니다. 같은 '至(지)'입니다만, '하지'의 '지'는 'し'라고 청음(무성음)으로 발음하고, '동지'의 '지'는 'じ'라고 탁음(유성음)으로 소리 냅니다.

　　일본의 여름에서 풍경(風磬)은 빼놓을 수 없습니다. 일본어에서 '풍경'은 '風鈴(ふうりん, 풍령)'이라고 합니다. 여름에 일본인 아내의 처가에 가면 물고기 모양의 풍경이 있었습니다. 그 소리를 들으면서 일본식 돗자리인 다다미(畳) 바닥에서 낮잠 자는 것이 저의 즐거움이었습니다. 일본의 여름에 빠지지 않는 것이 또 있습니다. 바로 야간에 하는 불꽃놀이입니다. 불꽃놀이는 아름답지만, 한순간이기에 덧없습니다. 그러나 그렇기에 더욱 애틋하게 그리고 아름답게 느껴질지도 모릅니다. 그런 의미에서 일본인의 미의식에 부합한다고 생각합니다. 밴쿠버의 여름에도 불꽃놀이가 빠지지 않습니다. 7월 1일은 캐나다의 건국 기념일인 '캐나다의 날(Canada Day)'입니다. 이날을 시작으로 7월 중에는 여러 차례의 불꽃놀이가 성대하고 화려하게 펼쳐집니다.

2) **기후** : 気候(きこう)

　　JLPT 2급에 속합니다. '海洋性気候(かいようせいきこう,

해양성 기후)'가 대표적인 한자어입니다. '기후 변화'는 '気候(きこう)の変化(へんか)'이고, '기후가 좋다'는 '気候(きこう)がよい'입니다.

일본에서 공부했을 때 기후와 문화가 밀접하게 관련되어 있다는 이야기를 자주 들었습니다. 그럴 수 있을 것 같다는 생각은 했지만, 솔직히 실감이 나지 않았습니다. 그러나 밴쿠버에서 살면서 기후와 문화는 떼려야 뗄 수 없는 관계에 있다는 것을 피부로 느꼈습니다. 밴쿠버의 창문은 비교적 큽니다. 그리고 유리로 된 건물이 많습니다. 일조량이 적고 온화한 날씨이기에 가능한 건축 문화입니다.

3) **가을바람** : 秋風(あきかぜ)

'가을바람'은 시(詩)에서 많이 등장하는 시어(詩語)입니다. 앞서 제시했던『만엽집』에도 이 '秋風(あきかぜ)'를 시어로 하는 노래가 많습니다. 일본만이 아닙니다. 신라의 향가에 <제망매가>가 있습니다. 죽은 누이의 명복을 비는 노래입니다. 이 노래에도 다음과 같이 '가을바람'이 나옵니다. "죽고 사는 길 예 있으매 저히고/ 나는 간다 말도 못다 하고 가는가/ 어느 가을 이른 바람에 이에 저에/ 떨어질 잎다이 한가지에 나고 가는 곳 모르누나/ 아으 미타찰(弥陀刹)에서 만날 내 도닦아 기다리리다.(양주동 풀이)"

그리고 '가을바람'은 중국 고전에도 자주 등장합니다. 그래서 저는 졸저『세계의 고전을 읽는다－동양 문학편 1』(후마니타스, 2005년)에서 고대의 일본과 한국 그리고 중국은 '가을바람'이라는 서정성을 공유했다고 말했습니다.

4) **낙엽 : 落葉(おちば)**

　　JLPT 1급에 들어가는 고급 한자어입니다. '낙엽을 긁어 모으다'는 '落(お)ち葉(ば)をかき集(あつ)める'이고, '낙엽이 바람에 날아가다'는 '落(お)ち葉(ば)が風(かぜ)に吹(ふ)かれて飛(と)んでいく'입니다.

　　일본어로 '젖은 낙엽'을 '濡(ぬ)れ落(お)ち葉(ば)'라고 합니다. 젖은 낙엽은 잘 떨어지지 않습니다. 그 성질을 살려서 일본에서는 정년 이후 아내와 떨어지지 않으려는 남편을 가리켜서 '濡(ぬ)れ落(お)ち葉(ば)'라고 비유적으로 말합니다. 정년 전에는 회사 일로 바쁘다면서 아내와 함께 시간을 보내지 않던 남편이 갑자기 아내와 늘 함께 있으려고 하니 아내도 곤혹스러울 것입니다. 밴쿠버의 남편들은 평소에도 가족과 함께하는 시간을 많이 가지려고 노력하는 것 같습니다. 여기에는 가족과 함께하는 시간을 소중히 하는 가족 중심 문화와 더불어 밴쿠버에는 밤에 놀 수 있는 놀이문화가 그다지 없다는 것이 있을지도 모릅니다.

5) **나무 : 木(き)**

　　JLPT 4급에 해당합니다.

　　일본은 남북으로 길게 걸쳐 있기에 남쪽과 북쪽의 기후가 매우 다릅니다. 규슈(九州) 바로 위에 있는 시코쿠(四国)에 가면 야자수와 같은 나무가 가로수입니다. 그 아래로 가면 더 말할 것도 없습니다. 그러나 북쪽으로 가면 이야기가 달라집

니다. 홋카이도에 공부할 때 가장 먼저 눈에 들어오는 것은 나무였습니다. 대표적인 것이 자작나무 등입니다. 또한 홋카이도대학의 교정은 은행나무 가로수와 포플러 가로수가 유명합니다. 은행나무 가로수는 일본어로 'イチョウ並木(ityou namiki)'라고 하고, 포플러 가로수는 'ポプラ並木(popura namiki)'라고 합니다. 특히 홋카이도대학은 포플러 가로수로 유명합니다. 그런데 몇 년 전에 이 포플러 가로수가 거의 다 쓰러지는 사건이 발생했습니다. 강풍 때문이었습니다. 홋카이도대학이 있는 삿포로는 눈이 많이 내리기에 나무들이 수분을 취하는 데 큰 어려움이 없다고 생각합니다. 그러다 보니 나무의 뿌리가 땅 깊숙이 파고 들어갈 필요가 없습니다. 뿌리가 지표에 드러나는 경우도 흔합니다. 강풍에 약할 수밖에 없습니다. 나무의 생장에 환경이 너무 좋다 보니 외부의 충격에 약한 것입니다. 홋카이도에서 공부할 때 많은 사람들이 홋카이도는 캐나다와 비슷하다는 말을 자주 했습니다. 실제로 캐나다에 와 보니 정말 그랬습니다. 밴쿠버도 나무의 생장에 너무 좋은 조건을 가지고 있습니다. 그래서 삿포로의 나무처럼 뿌리를 땅 깊숙이 내릴 이유가 없습니다. 강한 바람에 약할 수밖에 없습니다. 밴쿠버의 나무가 잘 쓰러지는 이유입니다. 특히 밴쿠버는 이끼가 자라는 데 최적의 조건을 가지고 있습니다. 적당한 습도와 충분한 수분, 약한 빛, 서늘한 기후 등. 밴쿠버에 가기 전까지는 나무에 이끼가 가득한 풍경은 상상도 해 보지 못했습니다.

6) **일조량** : 日射量(にっしゃりょう)

일본어는 '일조량'을 말할 때 '日照量(일조량)'이라는 한
자어를 쓰지 않고 '日射量(にっしゃりょう, 일사량)'라는 어휘
를 씁니다.

홋카이도는 여름이 되면 대략 오전 4시 30분 전후로 해나
뜨고, 겨울이 되면 오후 4시 30분 전후로 해가 집니다. 따라서
여름에는 일출이 너무 빠르기에 곤혹스럽습니다. 반면 겨울
이 되면 일조량이 확 줄어듭니다. 홋카이도(삿포로 포함)에
사는 사람이 겨울에 우울증에 걸리기 쉬운 이유가 바로 여기
에 있습니다. 밴쿠버도 마찬가지입니다. 밴쿠버에서 여름에
선글라스는 필수품입니다. 자외선이 너무 강하기 때문입니
다. 가벼운 긴팔 재킷도 필수 아이템입니다. 겨울에는 비타민
D 섭취를 뺄 수 없습니다. 멜라토닌이 들어간 약 복용도 아주
흔합니다. 수면에 어려움을 겪는 사람이 적지 않습니다. 일조
량이 적고, 좀처럼 맑은 날씨를 보기 어렵기 때문입니다.

7) **고전** : 古典(こてん)

JLPT 2급에 포함되는 한자어입니다. 관련 어휘로 '古典文
法(こてんぶんぽう, 고전 문법)'가 있습니다. '고전 연구'는
'古典(こてん)の研究(けんきゅう)'이고, '고전을 읽다'는 '古
典(こてん)を読(よ)む'입니다.

'고전'에 대한 정의는 여러 가지가 있습니다. 사이토 다카
시(斎藤孝)는 『고전 시작』(디자인하우스, 2014년, 5쪽)에서
"고전은 시대를 뛰어넘어 사람들의 사랑과 존경을 받는다.

시간의 흐름이라는 시련을 견디고 존경을 받아온 것이 바로 고전이다.”라고 말합니다. 고전을 읽는 이유는 여러 가지가 있을 수 있지만, 인류가 가져왔던 보편적인 질문에 대해 선조들이 어떻게 생각하고 답해 왔는가를 확인한 후 그 지혜를 지금과 미래에 살리는 데 있다고 생각합니다.

8) **만엽집 : 万葉集(まんようしゅう)**

『万葉集(まんようしゅう)』곧 『만엽집』은 일본에서 가장 오래된 시가집입니다. 중국의 시경(詩経)에 영향을 받아 만들어진 것으로, 여기에는 고대 한반도에서 건너갔던 사람들 혹은 그들의 후손이라고 여겨지는 사람들의 작품도 남아 있습니다. 따라서 고대 한국어의 흔적이 보이기도 합니다. 그렇다면 이 시가집을 어떻게 바라봐야 할까요? 일본에서는 당시의 동아시아를 시야에 넣지 않는 연구가 주류입니다. 일국사 중심, 곧 일본 중심 연구입니다. 한국에서는 고대 한국의 영향을 너무 강조하는 경향이 일부 있습니다. 동아시아라는 큰 틀에서 수용과 변용이라는 관점으로 『만엽집』을 읽고 연구하는 것이 바람직하다고 생각합니다.

9) **새 : 鳥(とり)**

JLPT 4급에 들어갑니다. ‘새소리’는 ‘鳥(とり)の声(こえ)’이고, ‘철새’는 ‘わたり鳥(どり)’입니다. ‘닭고기’는 ‘鳥(とり)肉(にく)’이고, ‘닭장’은 ‘鳥(とり)小屋(ごや)’입니다.

삿포로에 있을 때 까마귀를 정말 많이 봤습니다. 까마귀는 삿포로뿐만이 아니라 일본 전국에서 관찰할 수 있습니다. 까

마귀는 머리가 좋아서 음식물 쓰레기를 잘 뒤집니다. 때에 따라서는 집단으로 사람을 공격하기도 합니다. 그렇다고 일본에서 까마귀가 한국과 같이 반드시 흉조는 아닙니다. 예컨대 일본 국가 대표 축구 선수의 유니폼 상의에는 발이 셋 달린 까마귀가 그려져 있습니다. 삼족오(三足烏)입니다. 일본에서 삼족오의 역사는 깁니다. 8세기 초에 성립된 일본의『고사기(古事記)』(712년)와『일본서기(日本書紀)』(720년)에서 삼족오는 태양의 여신인 아마테라스 오미카미(天照大神)의 사자(使者)로 등장합니다. 밴쿠버에서 까마귀를 자주 목격했습니다. 역시나 음식물 쓰레기를 뒤지고 있었습니다. 제가 살았던 가족 기숙사는 해안가 근처였기에 또 다른 새도 흔하게 봤습니다. 갈매기입니다. 일본어로는 'カモメ(kamome)'라고 합니다. 상당히 컸고 아주 잘 생겼습니다. 밴쿠버의 갈매기를 볼 때마다 리처드 바크(Richard Bach)의 작품인『갈매기의 꿈』이 생각났습니다. 이른 새벽부터 높이 날고 있었기 때문입니다.

10) **산 : 山(やま)**

JLPT 4급에 해당합니다. '산에 오르다'는 '山(やま)に登(のぼ)る'이고, '산에서 내려오다'는 '山(やま)を下(お)りる'입니다.

일본에는 해발 3,000m가 넘는 큰 산이 다수 있습니다. 젊은 산이 많기에 화산 활동도 많은 것입니다. 캐나다의 산은 더 높습니다. 4,000m 전후입니다. 로키산맥이 대표적입니

다. 그 규모가 정말 거대합니다. 크기에 압도당합니다. 이에
비해 한국의 산은 작습니다. 작다는 표현보다는 아담하다는
말이 더 정확할지 모르겠습니다. 산을 포함하여 한국의 자연
은 아담하다는 것이 특징입니다.

일본어 한자어 체크

夏季(かき) 하계, 夏至(げし) 하지, 夏期(かき) 하기, 初夏(しょ
か) 초여름, 真夏(まなつ) 한여름, 夏祭(なつまつり) 여름 축제, 夏
(なつ) 여름, 春夏秋冬(しゅんかしゅうとう) 춘하추동, 冬至(とう
じ) 동지, 畳(たたみ) 일본식 돗자리, 気候(きこう) 기후, 海洋性気
候(かいようせいきこう) 해양성 기후, 秋風(あきかぜ) 가을바람,
落葉(おちば) 낙엽, 木(き) 나무, イチョウ並木(なみき) 은행나무
가로수, ポプラ並木(なみき) 포플러 가로수, 日射量(にっしゃりょ
う) 일조량, 古典(こてん) 고전, 古典文法(こてんぶんぽう) 고전
문법, 万葉集(まんようしゅう) 만엽집(일본에서 가장 오래된 시가집),
鳥(とり) 새, 鳥(とり)の声(こえ) 새소리, わたり鳥(どり) 철새, 鳥
(とり)肉(にく) 닭고기, 鳥(とり)小屋(ごや) 닭장, 山(やま) 산

제3절

자(自)

양보는 배려의 시작

❁

일본 유학 시절에 자동차를 운전해 본 적이 전혀 없었습니다. 당시 저는 20대 중후반이었는데 **운전면허증**[1]도 없었습니다. 설사 면허증이 있었다고 하더라도 운전할 엄두가 나지 않았을 것입니다. 우리와 달리 오른쪽에 운전대가 있기 때문입니다. 또한 자동차의 깜빡이와 윈도우 브러쉬의 조작이 반대이기에 실수하기 쉽습니다. 만약 운전면허증이 있었고, 운전을 좋아했다고 하더라도 실제로 **자동차**[2]를 몰 용기를 내기 어려웠을지도 모릅니다. 눈 때문입니다. 삿포로는 **눈**[3]이 많이 내리기로 유명합니다. 11월경부터 내리기 시작하여 2월에는 거의 매일 눈이 내립니다. 겨울에 내렸던 눈은 3월이나 4월이 되어야 녹습니다. 이런 **설국**[4]에서 운전대를 잡을 용기가 아마도 나지 않았을 것입니다.

눈이 많이 내리다 보니 재미있는 풍경이 연출됩니다. 주차할 때 자동차의 윈도우 브러쉬를 모두 일직선으로 하여 세로로 세워 놓는 것입니다. 그렇게 하지 않으면 윈도우 브러쉬가 내린 눈에 푹 잠기고, 게

다가 추위로 얼기라도 하면 아침에 출근할 때 윈도우 브러쉬를 원래 상태로 복귀시키기가 대단히 힘들기 때문입니다. 또한 **제설차**[5)]도 흔히 볼 수 있습니다. 주로 야간에 제설을 합니다. 교통 혼잡을 막기 위해서입니다. 온돌과 같은 장치도 있습니다. 단독 **주택**[6)]의 현관이나 주요 도로에 열선을 깔아 두어 눈이 오면 곧바로 녹게 하는 것입니다. 다만 전기료가 많이 들기에 여러 곳에 설치하는 것은 무리입니다.

    삿포로 주민들은 삿포로 거주자와 외부에서 온 사람을 쉽게 구분할 수 있습니다. 눈이 올 때 우산을 쓰면 관광객이고, 후드 점퍼의 모자를 쓰면 삿포로 사람입니다. 삿포로에 내리는 눈은 곱고 아름답게 내리기도 하지만, 강한 바람과 함께 사선으로 내릴 때도 적지 않습니다. 이럴 때는 우산이 전혀 쓸모가 없습니다. 또한 눈길을 걸을 때 지붕에 주의를 기울이지 않는 사람도 외부인일 가능성이 아주 큽니다. 비행기 선반에서 물건이 떨어지듯이 지붕에 쌓여 있던 눈 덩어리가 떨어지기도 합니다. 이것에 맞아 사망자가 발생하기도 합니다. 특히 눈이 녹기 시작할 무렵에는 이런 사고에 휘말릴 수 있으니 신경을 써야 합니다.

〈스스로 자(自)〉

의미: 스스로, 저절로

음독:【じ】

自身(じしん) 자신, 各自(かくじ) 각자, 独自(どくじ) 독자, 自主(じしゅ) 자주, 自動(じどう) 자동, 自由(じゆう) 자유

캐나다에 입국한 후 가장 먼저 한 것은 자동차 구매였습니다. 저 혼자였다면 이런 일은 없었을 것입니다. 운전을 극도로 싫어하기 때문입니다. 가족이 있었기에 어쩔 수 없이 **중고차**[7] 매장으로 가게 됐습니다. 그런데 자동차를 선택할 때 어려움이 많았습니다. 아내가 꼭 타고 싶다는 자동차가 있었기 때문입니다. 자동차 마니어(Mania)가 아닌 한국인은 그다지 알지 못하는 차종이었습니다. 일본인 아내가 이 차를 고집한 것은 자신의 **고향**[8]에서 이 차종을 생산하는 공장이 있었기 때문입니다. 한마디로 **애향심**[9]이 크게 작용했습니다. 또한 어렸을 때부터 탔던 자동차였기 때문입니다. 다행히 캐나다에는 아내가 원하는 자동차가 있기는 했습니다. 다만 한국인에게는 그다지 인기가 없었기에 한국인 딜러에게 사는 것은 좀 어려웠습니다. 정착 서비스를 의뢰했던 대표님의 통역 도움으로 캐나다인 딜러에게서 겨우 구매할 수 있었습니다.

자동차를 산 후에도 어려움은 남아 있었습니다. 다행스럽게도 캐나다는 한국과 같이 운전대가 왼쪽에 있고 운전 방향도 같습니다. 문제는 한국인에게 익숙하지 않은 운전 규칙이 있었기 때문입니다. 대표적인 것이 STOP 사인(Sign)과 비보호 좌회전입니다.

STOP 사인을 한마디로 말하면 약 3초간 멈추라는 말입니다. **횡단보도**[10]가 있거나 상대방의 자동차가 잘 보이지 않는 곳에 STOP 사인이 설치되어 있습니다. 예컨대 'All Way Stop(4-Way Stop)'은 교차로 네 방향 모두에서 우선 멈춤을 하라는 의미입니다. 멈춘 후에 차가 다시 출발하는 순서는 교차로에 도착한 순서대로입니다. 내가 두 번째로 교차로에 도착했다면 두 번째로 출발해야 합니다. 이 순서를 지키지 않으면 욕을 먹을 수도 있습니다. 미국도 마찬가지이기는 합니다만, 캐나다에서 운전할 때는 눈치를 잘 봐야 합니다. 캐나다나 미국에서 운전할 때는 상대방의 눈치를 잘 봐야 하는데, 그것이 가능한 것은 한국과 달리 자동차에 선팅(Sunting)을 거의 하지 않기 때문입니다. 따라서 운전자의 사소한 표정까지도 읽을 수 있습니다. 보행자와 운전자를 보호한다는 의미에서 한국도 STOP 사인의 도입을 검토해도 좋다고 생각합니다.

STOP 사인보다 더 어려운 것은 바로 비보호 좌회전입니다. 한국도 이것이 없는 것이 아니기에 쉬울 것 같습니다만, 반드시 그렇지 않습니다. 왜냐하면 비보호 좌회전이 너무 많기 때문입니다. 잘못하면 마주 오는 차와 정면충돌할 수 있습니다. 그렇다고 너무 조심하면 뒤에 있는 자동차가 경적을 울리기 시작합니다.

그나마 다행스러운 것은 밴쿠버 운전자는 비교적 양보를 잘한다는 것입니다. 도로가 넓고 차량이 적은 것도 여기에 긍정적인 영향을 미치고 있다고 생각합니다만, 상대방에 대한 배려가 몸에 배어 있기 때문이라고 생각합니다. 달리 말하면 운전할 때 상대방에게 배려심을 보이지 않는 사람은 교양 없는 사람이라는 취급을 받을 수 있습니다.

1) **운전면허증** : 運転免許書(うんてんめんきょしょ)

‘運転(うんてん, 운전)’은 JLPT 3급에 해당하고, ‘免許(めんきょ, 면허)’는 JLPT 2급에 들어갑니다.

일본과 한국의 운전면허증에 적혀 있는 내용은 거의 같습니다. 이름과 생년월일 그리고 현주소 등이 적혀 있습니다. 감사하게도 영문으로 된 한국의 운전면허증은 캐나다에서 캐나다 면허증으로 교환할 수 있습니다. 간단한 시력 검사와 운전 규칙에 관한 질문에 답하면 됩니다. 약 한 달간 종이로 된 임시 면허증을 사용하다가 나중에 플라스틱으로 된 정식 면허증을 받습니다. 그런데 캐나다의 운전면허증에는 일본과 한국에는 없는 개인 정보가 들어가 있습니다. 키와 몸무게, 눈 색깔과 머리카락 색깔 등이 그것입니다. 캐나다가 이민 국가이고 다민족 사회이기 때문인지 모르겠습니다. 아내가 키와 몸무게가 적혀 있는 캐나다의 운전면허증을 받고 놀라던 얼굴이 지금도 어제 일처럼 떠오릅니다.

2) **자동차** : 自動車(じどうしゃ)

JLPT 4급에 포함됩니다. ‘새 차’는 ‘新車(しんしゃ, 신차)’라고 하고, ‘중고차’는 ‘中古車(ちゅうこしゃ, 중고차)’라고 합니다. ‘新古車(しんこしゃ, 신고차)’라는 말도 있습니다. 새 차는 아니지만 새 차와 같은 자동차를 가리킵니다. 매장에서 시승용으로 타던 차이거나 5,000km 정도 달린 차가 여기에 들어갑니다.

3) 눈 : 雪(ゆき)

　　JLPT 4급에 속합니다. '눈이 내리다'는 '雪(ゆき)が降(ふ)る'이고, '눈이 쌓이다'는 '雪(ゆき)が積(つ)もる'입니다. '눈이 녹다'는 '雪(ゆき)が解(と)ける'이고, '눈을 치우다'는 '雪(ゆき)をかく'입니다.

　　삿포로는 눈이 많이 내리기로 유명하지만, 일본 열도 전 지역에서 눈이 내리는 것은 아닙니다. 열도의 남쪽에 있는 오키나와는 눈과는 인연이 없습니다. 캐나다라고 하면 낙엽과 함께 흰 눈이 쌓인 로키산맥이 떠오를 수 있습니다. 하지만 캐나다라고 해서 모두 눈이 내리는 것은 아닙니다. 밴쿠버 시내는 정말 드물게 가끔 눈을 볼 수 있습니다. 하지만 기후 변화 때문인지 최근에는 일시적으로 폭설이 내리기도 합니다. 그러면 초중고는 휴교하고, 대학은 온라인으로 수업을 진행합니다. 교사와 교수가 등교하지 못하기 때문입니다.

4) **설국** : 雪国(ゆきぐに)

　　삿포로는 눈이 많이 내립니다. 눈이 곱기로도 유명합니다. 1972년에는 여기서 동계 올림픽이 개최됐습니다. 스키장도 많습니다. 유학생에게는 무료로 스키를 가르쳐 주었습니다. '歩(ある)きスキー'도 체험할 수 있었습니다. 여기서 '歩(ある)き'는 '걷는'이고 'スキー(suki)'는 영어 'Ski'입니다. 산의 경치를 바라보면서 눈길을 걷는 것입니다. 밴쿠버는 눈이 거의 내리지 않습니다만, 유명한 스키장이 몇 군데 있습니다. 그라우스 마운틴(Grouse Mountain)이 대표적입니다. 밴쿠버 시내에서 자동차로 약 30분 거리입니다. 여기서는 '스노우슈잉(Snowshoeing)'이라는 것을 체험할 수 있습니다. 눈에 미끄러지지 않는 특수한 장치를 신발에 감싼 후에 '步(ある)きスキー'와 같이 산의 풍경을 감상하는 것입니다. 가족이 함께하기에 너무 좋다고 생각합니다. 밴쿠버에서 좀 떨어진 곳에 있는 휘슬러(Whistler)도 스키장으로 유명합니다. 동계올림픽이 열렸던 곳입니다. 고운 눈이 내리기로 유명합니다. 그래서인지 눈도 잘 뭉쳐집니다.

5) **제설차 : 除雪車(じょせつしゃ)**

'高速道路(こうそくどうろ)の除雪車(じょせつしゃ)'는 '고속도로의 제설차'입니다.

삿포로는 제설차가 잘 정비되어 있습니다. 눈이 많이 내리기 때문입니다. 삿포로시(市) 발표에 의하면, 제설차를 포함하여 제설에 관한 제반 비용으로 2024년도에 257억 6,400만 엔 정도를 책정했다고 합니다. 한화로 하면 대략 2,580억 원 정도나 됩니다. 삿포로시의 예산에 적지 않은 부담을 주고 있다는 것을 알 수 있습니다. 밴쿠버에 있을 때 큰 눈을 경험했습니다. 아침에 나가 보니 제설차가 도로에 쌓여 있는 눈을 치우고 있었습니다. 흥미로웠던 점은 인도(人道)를 치우는 제설차도 있었다는 점입니다. 2022년 자료이지만 밴쿠버시는 제설차를 포함한 제설 비용으로 약 540만 달러를 지출했다고 합니다. 한화로 약 55억 원 정도입니다. 삿포로시와 밴쿠버시의 예산 차이를 알 수 있습니다.

6) **주택** : 住宅(じゅうたく)

　　JLPT 2급에 들어갑니다. '주택비'는 '住宅費(じゅうたく
ひ)', '주택 문제'는 '住宅問題(じゅうたくもんだい)', '주택
가'는 '住宅街(じゅうたくがい)'입니다.

　　일본의 주택은 아파트, 맨션, 시영 및 도영 주택 등으로 구
분할 수 있습니다. 아파트는 목조 아파트를 가리킵니다. 높이
도 2, 3층 정도로 일반 시민이 주로 거주합니다. 맨션은 철근
콘크리트로 되어 있고 중산층이 거주합니다. 시영 및 도영 주
택은 서민이 생활합니다. 한국과 크게 다른 것은 고층 아파트
나 맨션이 상대적으로 적다는 점입니다. 지진과 무관하지 않
습니다. 캐나다는 하우스, 타운 하우스, 아파트와 콘도 등으
로 나눌 수 있습니다. 하우스는 단독 주택이고 목조로 되어
있습니다. 타운 하우스는 여러 세대가 옆집과 벽을 공유하는
형태입니다. 목조 건축도 적지 않습니다. 아파트와 콘도는 한
국식 아파트라고 생각하면 됩니다. 철근 콘크리트로 되어 있
습니다. 밴쿠버 아파트의 특징 중의 하나는 오픈형 발코니 혹
은 테라스를 설치해 둔 것입니다. 또한 큰 유리창을 많이 설
치했다는 점입니다. 밴쿠버 아파트의 특징은 일조량이 적은
기후와 관련이 있다고 생각합니다.

7) **중고차** : 中古車(ちゅうこしゃ)

　　JLPT 2급에 포함됩니다. '중고품'은 '中古品(ちゅうこひ
ん)'이라고 합니다.

　　일본이나 한국은 새 차는 새 차를 판매하는 대리점에서, 중

고차는 중고차를 파는 곳에서 삽니다. 그런데 캐나다는 새 차를 파는 대리점에서도 새 차와 함께 중고차를 판매합니다. 게다가 타 자동차 브랜드의 중고차도 같이 팝니다. 아마도 '트레이드 인(Trade In)'이 발달해서 그런가 봅니다. 이를테면 A차 브랜드를 파는 곳에 B차의 중고차를 가져가서 중고로 팔면서 A차 브랜드의 신형 자동차를 삽니다. 그러면 A차 브랜드는 중고로 사들인 B차의 자동차를 점검 및 수리하여 그곳에서 재판매하는 것입니다. 따라서 신차를 판매하는 A차 브랜드에서 A차의 중고차를 살 수도 있지만, 다른 자동차 브랜드인 B차의 중고 자동차도 구매할 수 있는 것입니다. 덧붙여 자동차를 영어로 'Car' 또는 'Automobile'이라고 합니다만, 캐나다에서는 이것보다는 'Vehicle'이라는 말을 더 잘 씁니다. 캐나다에서 중고차를 구매할 때 중요한 팁(Tip)이 하나 있습니다. 캐나다 동부와 같이 눈이 많이 내리는 지역에서 타던 중고차는 구매하지 말라는 것입니다. 눈이 많이 내리는 곳에서는 염화칼슘을 많이 쓰기 때문이라고 합니다. 자동차의 하부 부식에 나쁜 영향을 미칩니다.

8) **고향 : 故鄕(こきょう)**

　　　JLPT 2급입니다. '출생지'는 '生(う)まれ故鄕(こきょう)'라고 합니다. '고향을 떠나다'는 '故鄕(こきょう)をはなれる'입니다. '고향을 그리워하다'는 '故鄕(こきょう)を思(おも)う' 또는 '故鄕(こきょう)を懷(なつ)かしむ'입니다. 일상어에서는 '고향'을 말할 때는 '故鄕(こきょう)'보다는 'ふるさと'를 많이

씁니다. 이때 한자는 '古里(고리)' 혹은 '故郷'을 씁니다. 일본어에 'お国(くに)はどこですか。'라는 말이 있습니다. '출신 국가가 어디예요?'일 수도 있지만, '고향이 어디예요?'라는 의미로도 자주 사용합니다.

9) **애향심** : 愛郷心(あいきょうしん)

'애교심을 기르다'는 '愛郷心(あいきょうしん)をそだてる' 입니다.

홋카이도에서 유학했을 때 일본 각지에서 홋카이도로 공부하러 온 학생들이 많았습니다. 그들과 이야기해 보면 자신의 출신지에 대해 부끄러워하는 학생도 있었지만, 대다수는 애향심 혹은 향토애가 대단했습니다. 그 지역 토산품과 산과 강에 대해 자랑했습니다. 예를 들면 그 지역의 명물과 산천 그리고 지역 출신의 유명인 이름을 넣은 'カルタ(karuta)'가 있을 정도였습니다. 'カルタ'란 플레잉 카드(Playing Card) 입니다. 이런 카드 게임 방식을 활용하여 애향심을 기르는 것입니다. 한국의 화투는 사실 'カルタ'의 일종입니다. 잘 알려져 있듯이 화투(花闘)는 일본의 '花札(はなふだ, 화찰)'에서 유래했습니다.

10) **횡단보도** : 橫断歩道(おうだんほどう)

'橫断(おうだん, 횡단)'은 JLPT 2급에 해당합니다. '현수막'은 '橫断幕(おうだんまく, 횡단막)'입니다. '인도'를 말하는 '歩道(ほどう, 보도)'도 JLPT 2급입니다. 반대말은 '車道(しゃどう, 차도)'입니다.

일본에서는 횡단보도를 건널 때 신호등에서 '칵코, 칵코' 혹은 '삐요, 삐요'라는 신호음이 납니다. 시각 장애를 갖고 있는 보행자를 위한 배려입니다. 밴쿠버에는 보행자가 신호등을 눌러서 신호를 바꾸는, 곧 '버튼식 보행 신호기'가 설치된 곳이 적지 않습니다. 이 버튼을 누르면 'Wait' 곧 '기다려라'는 소리가 한동안 울리면서 비상등이 요란하게 깜빡거립니다. 운전자에게 보행자가 있으니 주의하라는 신호입니다. 청각 및 시각 신호입니다.

일본어 한자어 체크

自(みずか)ら 몸소, 失敗(しっぱい) 실패, 自身(じしん) 자신, 各自(かくじ) 각자, 独自(どくじ) 독자, 自主(じしゅ) 자주, 自動(じどう) 자동, 自由(じゆう) 자유, 運転免許書(うんてんめんきょしょ) 운전면허증, 自動車(じどうしゃ) 자동차, 新車(しんしゃ) 새차, 中古車(ちゅうこしゃ) 중고차, 新古車(しんこしゃ) 새차같은 중고차, 雪(ゆき) 눈, 雪国(ゆきぐに) 설국, 除雪車(じょせつしゃ) 제설차, 高速道路(こうそくどうろ) 고속도로, 住宅(じゅうたく) 주택, 住宅費(じゅうたくひ) 주택비, 住宅問題(じゅうたくもんだい) 주택문제, 住宅街(じゅうたくがい) 주택가, 中古品(ちゅうこひん) 중고품, 故郷(こきょう) 고향, 愛郷心(あいきょうしん) 애향심, 花札(はなふだ) 화투, 横断歩道(おうだんほどう) 횡단보도, 横断幕(おうだんまく) 현수막, 歩道(ほどう) 인도, 車道(しゃどう) 차도

목(木)

목조 주택의 단점

❁

일본에서 공부할 때 **목조**[1]로 된 아파트에서 산 적이 있습니다. 잘 알려져 있듯이 일본의 아파트 곧 'アパート(apa-to)'는 목조 건축입니다. 2층으로 된 집이었습니다. 유학했던 대학교에서 그리 멀지 않은 곳에 있었기에 거기에는 일본인 대학생이나 대학원생이 많이 거주했습니다. **지하철**[2]역 근처였기에 직장인도 적지 않았습니다. 태어나서 처음 살아 보는 목조 주거였기에 기대와 불안이 공존했습니다.

목조 아파트를 선택한 이유는 월세가 비교적 저렴했기 때문입니다. 큰 장점이었습니다. 하지만 이것 말고는 다른 **장점**[3]을 찾기 어려웠습니다. 반면에 단점은 많았습니다. 대표적인 것으로 소음, 쥐, 화재 등이 있습니다.

<나무 목(木)>

의미: 나무

음독:【もく】

　　木材(もくざい, 목재), 木曜日(もくようび, 목요일)

훈독:【き】

　　木(き)を植(う)える 나무를 심다, 木(き)をきる 나무를

　　베다, 木(き)にのぼる 나무에 오르다, 木(き)の机(つく

　　え) 나무 책상

첫째, 소음입니다. 목재이다 보니 층간 소음뿐만이 아니라 옆집에서 TV를 보는 소리까지 들릴 정도였습니다. 아래층에는 대학생이 살고 있었습니다. 어느 날이었습니다. 그 대학생이 친구를 자기 집에 초대했나 봅니다. 그들의 **대화**[4) 소리와 웃음소리에 자다가 깼던 기억이 지금도 생생합니다.

둘째, 쥐입니다. 다행스럽게도 저는 2층에 살았기에 쥐가 집에 들어오지는 않았지만 1층에 사는 사람들은 쥐 때문에 고생한다는 소리를 자주 들었습니다. 목조이다 보니 쥐가 집 안으로 들어오기 쉬웠기 때문입니다.

셋째, **화재**[5)입니다. 일본에서는 **지진**[6)이 자주 발생합니다. 너무 많이 발생해서 지진에 무감각해 질 정도입니다. 지진이 자주 발생하니 내진 설계 건축이 발달하는 것은 당연하다면 당연합니다. 지진이 발생했을 때 그 피해를 줄일 수 있는 것이 목조 건물입니다. 하지만 목조

건축에는 취약한 부분이 있습니다. 화재입니다. 화재가 발생하면 목조로 된 집은 대책이 없습니다.

넷째, 추위입니다. 겨울에 일본에서 살다 보면 바깥이 집 내부보다 따뜻하다는 말을 자주 합니다. 대체로 일본은 한국보다 따뜻하기에 **난방**[7]이 발달하지 않았습니다. 대만만큼은 아니지만 말입니다. 그나마 삿포로는 추운 지방이기에 창문도 이중창이 많고, 난방도 잘 되어 있는 편이지만 역시 목조 건물은 단열이 잘되지 않습니다.

한국으로 귀국하면서 제 기억 속에서 목조 건물은 깨끗이 사라졌습니다. 그런데 캐나다의 밴쿠버에서 생활하면서 목조 아파트에 대한 기억이 되살아났습니다. 제가 살았던 가족 기숙사가 일본식 목조 아파트와 대단히 유사했기 때문입니다.

첫째, 소음입니다. 밴쿠버에는 콘도와 같이 철근 콘크리트로 지어진 집도 많지만, 목조 주택도 많았습니다. 미국 등에 **수출**[8]할 정도로 목재가 풍부하기 때문입니다. 특히 단독 주택과 타운 하우스(Townhouse)는 목조로 지어진 집이 많습니다. 그런데 역시 목재 건물의 취약점 중의 하나는 층간 소음과 옆방 소음을 포함한 소음 문제입니다. 저희는 4층에 살았기에 층간 소음을 낼 가능성은 충분했지만, 위층의 소음 피해를 입지는 않았습니다. 최고층이 4층이었기 때문입니다. 하지만 옆집과는 서로 소음을 내지 않기 위해 대단히 주의를 기울였습니다. 상대방이 시청하는 TV 소리가 들렸기 때문입니다.

둘째, 쥐입니다. 저희는 4층에 살았기에 쥐를 직접 경험하지는 못했지만, 1층에 살았던 다른 가족들은 쥐 때문에 노이로제에 걸릴 정도였습니다. 쥐를 경험한 가족이 가족 기숙사를 관리하는 사람에게 쥐가 나온다고 이야기했더니, 관리자는 "쥐도 캐나다의 일부"라는 말을 했다고 합니다. 캐나다에서는 세입자와 임대인 사이에 생기는 **갈등**[9] 중의 하나가 바로 쥐 문제입니다. 그런데 쥐가 발생했을 때 그 책임은 누구에게 있을까요? 임대인 곧 집주인에게 있지 않다는 판결을 캐나다에서 본 적이 있습니다.

셋째, 화재입니다. 캐나다인은 일본인 이상으로 화재에 대단히 민감합니다. 밴쿠버를 포함하여 캐나다에는 **건조**[10]한 지역이 많아서 그런 것 같습니다. 제가 살았던 가족 기숙사에는 건물뿐만이 아니라 방 곳곳에 'FIRE'라는 빨간 표시와 함께 화재경보기가 달려 있었습니다. 문제는 이것이 자주 오작동한다는 것입니다. 화재경보기가 울리면 모든 거주자는 집 바깥으로 나가야 합니다. 설사 새벽이라도 말입니다. 저희도 몇 번이나 밖으로 나갔던 기억이 납니다. 화재경보기가 울리면 소방차가 와서, 화재 여부를 확인하고 경보음을 멈추게 합니다. 그때까지 모든 거주자는 밖에서 대기해야 합니다.

넷째, 추위입니다. 밴쿠버는 겨울에도 영하로 떨어지는 날이 별로 없고, 난방 시설이 비교적 잘 되어 있기에 같은 목조 건물이라고는 하지만 일본보다 전혀 춥지 않았습니다. 다만 난방을 전기로 하기에 전기료는 좀 신경이 쓰였습니다.

더 알고 싶은 일본어 한자어

1) **목조** : 木造(もくぞう)

　　'목조선'은 '木造船(もくぞうせん)'이고, '목조 건축'은 '木

造建築(もくぞうけんちく)'입니다. '목조 건물'은 '木造(もく ぞう)の建物(たてもの)'이고, '철근 콘크리트'는 '鉄筋(てっ きん)コンクリート(konkuri-to)'입니다. 'コンクリート'는 영어 'Concrete'입니다.

목조 건물은 철근 콘크리트보다 건축 비용이 적게 들고, 건축 설계에 유연할 수 있다는 것은 큰 장점입니다. 하지만 목조 건물이 화재에 쉽게 노출될 가능성이 크기에 화재 보험료 가 철근 콘크리트 주택보다 비싼 편입니다.

2) **지하철 : 地下鉄(ちかてつ)**

JLPT 4급에 해당합니다. '地下鉄(ちかてつ)'는 '地下鉄 道(ちかてつどう, 지하 철도)'의 준말입니다. '지하철역'은 '地下鉄駅(ちかてつえき)'라고 합니다.

일본, 특히 동경과 같은 대도시는 지하철이 잘 발달했습니다. 어지러울 정도입니다. 일본 지하철은 비교적 안전한 편입니다만, 1995년 3월에 지하철 내에서 신경가스를 살포하는 테러가 발생했습니다. 이른바 '지하철 사린 사건' 곧 '地下鉄 (ちかてつ)サリン(sarin)事件(じけん)'이 그것입니다. 이것 으로 14명이 사망했고, 6천 명 이상이 크고 작은 증상을 겪었 습니다. 캐나다가 자동차 사회이다 보니 밴쿠버의 지하철은 불편하지 않은 정도로만 정비되어 있습니다. 경전철 노선으로 밴쿠버 스카이트레인 캐나다 라인(Vancouver Skytrain Canada Line)이 있습니다. 밴쿠버의 남북을 잇는 노선으로 2010년 밴쿠버 동계 올림픽 준비의 일환으로 지어졌습니다.

여기에 제공된 차량은 한국의 현대로템이 제작한 것입니다. 차량 내부에 제조사가 표시되어 있습니다.

3) **장점** : 長所(ちょうしょ)

　　JLPT 2급에 해당하는 고급 어휘입니다. 한국어에서 장점은 한자로 '長点'이지만 일본어에서는 '長所(ちょうしょ, 장소)'라고 합니다. 약간 다릅니다. '장점을 살리다'는 '長所(ちょうしょ)を伸(の)ばす'이고, '나는 타인의 장점을 보다'는 '私(わたし)は人(ひと)の長所(ちょうしょ)を見(み)る'입니다. 반대말은 뭐라고 할까요? '短所(たんしょ, 단소)'라고 합니다.

　　삿포로의 장점은 자연이 아름답다는 것과 공기가 좋다는 것입니다. 밴쿠버의 장점도 자연이 아름답고 공기가 좋다는 것입니다. 그런 점에서 삿포로와 밴쿠버는 닮은 점이 많습니다. 다른 점은 삿포로는 눈이 많이 내리는데 비해, 밴쿠버는 비가 많이 옵니다. 그래서 밴쿠버를 '레인쿠버'라고도 부릅니다. 비가 많이 와서 좋은 점도 있습니다. 세차할 필요가 없다는 것입니다.

4) **대화** : 対話(たいわ)

　　JLPT 1급에 속합니다. '주민과 대화하다'는 '住民(じゅうみん)と対話(たいわ)する'이고, '부모와 자식 간에 대화가 부족하다'는 '親子(おやこ)の対話(たいわ)が欠(か)けている'입니다.

　　일본인과 대화할 때는 맞장구를 잘 쳐야 합니다. '맞장구'

는 '相槌(あいづち, 상퇴)'라고 합니다. 그리고 그때그때 고개를 끄덕이면서 상대방의 말을 들어줘야 합니다. 나중에는 좀 익숙해졌지만, 처음에는 쉽지 않았습니다. 캐나다에서 영어 화자와 이야기를 나눌 때 힘들었던 것은 상대방이 저에게 "How are you?" 또는 "How is it going?"이라고 말할 때입니다. "요즘 어떻게 지내."라는 의미입니다. 물론 이런 인사가 조혜정이 『탈식민의 시대 지식인의 글읽기와 삶읽기 2』(또 하나의문화, 1995년, 181쪽)에서 말했듯이 서로 간에 적(敵)이 아니라는 문화적 전략에 불과하다는 것을 알고 있지만, 이런 질문에 대답하는 것이 쉽지 않았습니다. 캐나다를 떠날 때까지도 익숙해지지 않았던 것이 "How are you?" 혹은 "How is it going?"으로 시작하는 스몰 토크(Small Talk)였습니다.

5) **화재 : 火災(かさい)**

　　JLPT 2급에 해당합니다. '화재가 발생하다'는 '火災(かさい)が発生(はっせい)する'이고, '화재 경보'는 '火災警報(かさいけいほう)'입니다. 관련 어휘로 '消防署(しょうぼうしょ, 소방서)'와 '消防車(しょうぼうしゃ, 소방차)'가 있습니다. '소방관'은 '消防士(しょうぼうし, 소방사)'라고 합니다.

　　일본이나 한국이나 소방차가 지나갈 때는 차를 비켜 줘야 합니다. 그런데 캐나다는 더욱 철저했습니다. 모든 차가 약속이나 한 듯이 한쪽으로 차를 세우고 소방차가 잘 지나가도록 했습니다. '구급차'인 '救急車(きゅうきゅうしゃ)'도 마찬가지였습니다. '구급차'는 'アンビュランス(anbyuransu)'라고 발

음합니다. 영어 'Ambulance'의 일본식 발음입니다.

6) **지진 : 地震(じしん)**

'地震帯(じしんたい, 지진대)', '地震計(じしんけい, 지진
계)', '地震情報(じしんじょうほう, 지진 정보)', '地震速報
(じしんそくほう, 지진 속보)' 같은 말이 있습니다.

일본에서 공부할 때 지진을 참 많이 경험했습니다. 처음에
는 신기했습니다. 하지만 점점 무서워지기 시작했습니다. 밴
쿠버에서도 지진을 경험했습니다. 밴쿠버는 지진 활동이 활
발한 지역입니다. 여기는 캐스케이디아 메가스러스트 지진
대(Cascadia Megathrust Zone)에 자리 잡고 있다. 따라서 건
물은 내진 설계를 반드시 해야 합니다. 그래서 그런지 건물을
준공하는 데 시간이 좀 걸리는 것 같습니다.

7) **난방 : 暖房(だんぼう)**

JLPT 3급에 들어갑니다. '난방 기구'는 '暖房器具(だん
ぼうきぐ)'이고, '중앙 난방'은 '中央暖房(ちゅうおうだんぼ
う)'입니다. '스팀 난방'은 'スチーム暖房(だんぼう)'이고, '냉난
방 완비'는 '冷暖房(れいだんぼう)完備(かんび)'입니다.

일본에서 쓰는 가장 흔한 난방기는 '고타쓰(こたつ)'입니
다. 동경과 같은 일본 본토에서 많이 사용합니다. 밥상처럼
생긴 것인데 내부에 열을 내는 장치가 있습니다. 하지만 추운
지방인 홋카이도에서는 이 '고타쓰'로는 겨울을 나기 어렵습
니다. 그래서 등유로 방 공기를 데웁니다. 이중창은 필수입니
다. 캐나다의 밴쿠버는 추운 지역은 아니지만, 목조 건물이

많다 보니 난방이 필수입니다. 전기를 사용하는 라디에이터
(Radiator)를 많이 씁니다.

8) **수출 : 輸出(ゆしゅつ)**

'輸出自由地域(ゆしゅつじゆうちいき, 수출 자유 지역)',
'輸出関税(ゆしゅつかんぜい, 수출관세)', '輸出超過(ゆ
しゅつちょうか, 수출 초과) 등과 같이 사용합니다. '輸出(ゆ
しゅつ)'의 반대말은 '輸入(ゆにゅう, 수입)'입니다.

일본이나 한국은 수출로 국가 경제를 운영하고 있다고 해
도 과언이 아닙니다. 캐나다도 마찬가지입니다. 캐나다는 석
유와 목재 등 주로 천연자원을 미국에 수출하면서 국가를 경
영하고 있습니다. 그런데 미국 트럼프 대통령은 취임하자마
자 캐나다에 관세를 부과하겠다고 선언했습니다. 관세를 통
해 미국을 더욱더 부자 나라로 만들겠다고 강조합니다.

9) **갈등 : 葛藤(かっとう)**

'마음의 갈등으로 괴로워하다'는 '心(こころ)の葛藤(かっ
とう)にくるしむ'이고, '양국의 갈등이 심해지다'는 '両国(りょ
うこく)の葛藤(かっとう)が深(ふか)まる'입니다. '葛藤(かっと
う)'와 비슷한 의미를 가진 말에 '揉(も)め事(ごと)'가 있습
니다.

10) **건조 : 乾燥(かんそう)**

JLPT 2급에 해당합니다. '乾燥注意報(かんそうちゅうい
ほう, 건조 주의보)'와 '乾燥機(かんそうき, 건조기)'가 대표
적인 한자어입니다. '무미건조한 생활'은 '無味(むみ)乾燥

(かんそう)な生活(せいかつ)'입니다.

　일본 열도는 고온 다습하지만, 삿포로는 예외입니다. 상당히 건조합니다. 따라서 여름이 아주 쾌적합니다. 살기 좋습니다. 온도도 25도를 넘는 날이 별로 없습니다. 에어컨이 필요 없을 정도입니다. 하지만 최근에는 기후 변화로 여기도 여름에 25도를 넘는 날이 적지 않게 됐습니다. 밴쿠버도 굉장히 건조합니다. 여름이 환상적입니다. 이곳 사람들은 여름이 되면 무조건 야외로 나가려고 합니다. 기후가 너무 좋기 때문입니다. 건기이기에 비도 거의 오지 않습니다. 동아시아에서 밴쿠버와 같은 곳을 찾으라고 하면 저는 서슴없이 삿포로라고 말하고 싶습니다. 기후나 자연환경, 특히 수목의 풍경까지도 너무 흡사합니다. 위도 때문이라고 생각합니다. 밴쿠버까지 가는 것이 여러모로 부담스럽다면 밴쿠버 대신에 삿포로를 추천하고 싶습니다.

일본어 한자어 체크

木(き) 나무, 木(き)の机(つくえ) 나무 책상, 木材(もくざい) 목재, 木曜日(もくようび) 목요일, 木造(もくぞう), 목조, 木造船(もくぞうせん) 목조선, 木造建築(もくぞうけんちく) 목조 건축, 建物(たてもの) 건물, 鉄筋(てっきん) 철근, 地下鉄(ちかてつ) 지하철, 長所(ちょうしょ) 장점, 短所(たんしょ) 단점, 対話(たいわ) 대화,

住民(じゅうみん) 주민, 親子(おやこ) 부모와 자식 간, 相槌(あいづち) 맞장구, 火災(かさい) 화재, 発生(はっせい) 발생, 火災警報(かさいけいほう) 화재 경보, 消防署(しょうぼうしょ) 소방서, 消防車(しょうぼうしゃ) 소방차, 消防士(しょうぼうし) 소방관, 救急車(きゅうきゅうしゃ) 구급차, 地震(じしん) 지진, 地震帯(じしんたい) 지진대, 地震計(じしんけい) 지진계, 地震情報(じしんじょうほう) 지진 정보, 地震速報(じしんそくほう) 지진 속보, 暖房(だんぼう) 난방, 暖房器具(だんぼうきぐ) 난방 기구, 中央暖房(ちゅうおうだんぼう) 중앙 난방, スチーム暖房(だんぼう) 스팀 난방, 冷暖房(れいだんぼう)完備(かんび) 냉난방 완비, 炬燵(こたつ) 이불을 씌우게 만든 밥상 모양의 화로, 輸出(ゆしゅつ) 수출, 輸出自由地域(ゆしゅつじゆうちいき) 수출 자유 지역, 輸出関税(ゆしゅつかんぜい) 수출 관세, 輸出超過(ゆしゅつちょうか) 수출 초과, 輸入(ゆにゅう) 수입, 葛藤(かっとう) 갈등, 両国(りょうこく) 양국, 揉(も)め事(ごと) 다툼(갈등), 乾燥(かんそう) 건조, 乾燥注意報(かんそうちゅういほう) 건조 주의보, 乾燥機(かんそうき) 건조기, 無味(むみ)乾燥(かんそう) 무미건조, 生活(せいかつ) 생활

체(体)

음식 문화 코드

❖

    일본에서 유학했을 때 홋카이도 **전력 회사**[1]가 운영하는 사원 기숙사에서 생활한 적이 있습니다. 전력 회사에서 근무하는 독신 남성 직원만 들어가는 것이 **원칙**[2]이었지만, 방에 여유가 생기면 가끔 유학생도 받아 주었습니다. 처음 지원했을 때는 보기 좋게 떨어졌습니다. 조건이 너무 좋았기에 다음에 다시 지원했습니다. 감사하게도 입주할 수 있었습니다.

    방 크기는 3평 남짓이었습니다. **화장실**[3], 샤워실, 세탁기 등은 모두 공동이었습니다. 불편하다면 불편할 수 있었습니다. 사원 기숙사에서 학교까지 좀 거리가 있다는 것도 아쉬웠습니다. 당시 저는 걸어서 가거나 자전거로 통학했기 때문입니다. 그러나 단점만 있었던 것은 아닙니다. 장점도 많았습니다. 월세가 싸서 마음에 들었습니다. 이처럼 렌트비가 저렴해서 좋았지만, 무엇보다 좋았던 것은 아침과 저녁에 식사를 제공해 주었다는 점입니다. 물론 **급식**[4]이 대단히 좋았던 것은 아닙니다. 하지만 급식을 통해 다른 입주자와 교류도 할 수 있었고,

일본의 음식 문화도 직접 경험할 수 있었습니다. 예를 들어 **정월**5)에는 'お節料理(せちりょうり, 절요리)'라고 해서 설날에 먹는 음식을 **체험**6) 할 수 있었습니다. '떡국'을 일본어로 'お雑煮(ぞうに, 잡자)'라고 하는데, 이것도 여기서 처음 먹었습니다. 이것뿐만이 아닙니다. 그해 마지막 날에는 '年(とし)越(こ)しそば'라는 음식도 먹었습니다. 섣달그믐날 밤에 이것을 먹는 것은 '소바'처럼 장수하기를 바란다는 의미가 들어 있기 때문입니다. 이처럼 사원 기숙사에서 생활하면서 일본의 **명절**7) 요리를 그때그때 거의 전부 몸으로 느낄 수 있었습니다. 지금 뒤돌아보면 그것은 유학생이 좀처럼 경험하기 힘든 것이었습니다. 전력 회사 기숙사는 살아 있는 일본 음식 문화 체험장이었습니다.

〈몸 체(体)〉

의미: 몸

음독: 【たい】

体験(たいけん) 체험, 体格(たいかく) 체격, 身体(しんたい) 신체, 肉体(にくたい) 육체, 物体(ぶったい) 물체, 形体(けいたい) 형체, 主体(しゅたい) 주체, 体面(たいめん) 체면

훈독: 【からだ】

人間(にんげん)の体(からだ) 인간의 몸, 体(からだ)を動(うご)かす 몸을 움직이다, 体(からだ)をきたえる 몸을 단련하다

브리티시컬럼비아대학교에서 연구년을 보낼 때, 연구년으로 온 교수들이 많이 거주하는 가족 기숙사에서 지냈습니다. 세인트 앤드류 홀(St. Andrew' Hall)이라는 곳입니다. 이곳은 브리티시컬럼비아대학교가 아니라 밴쿠버신학대학(Vancouver School of Theology)의 가족 기숙사입니다. 신학 대학에 다니는 학생들이 입주하는 기숙사였지만, 고맙게도 우리 가족과 같은 방문 학자에도 입주할 기회를 주었습니다.

세인트 앤드류 홀은 아이를 동반한 가족에게는 최적의 기숙사였습니다. 방이 두 개였고, 거실과 부엌 그리고 **욕조**[8]가 달린 화장실이 있었습니다. 25평 정도였기에 4인 가족이 지내기에는 전혀 좁지 않았습니다. 대학 **도서관**[9]과 편의 시설 등이 모두 가까웠습니다. 렌트비도 주변보다는 상대적으로 합리적이었습니다. 코로나19 이후 밴쿠버를 비롯하여 캐나다 전 지역의 렌트비가 많이 상승했는데, 여기는 주변 시세의 약 80% 정도만 내면 됐습니다. 이 숙소의 장점은 이것만이 아니었습니다. 캐나다에서는 렌트할 집을 침대와 소파 그리고 식탁 같은 가구가 준비된 곳과 그렇지 않은 곳으로 구분할 수 있습니다. 물론 가구가 있는 경우는 렌트비가 올라갑니다. 세인트 앤드류 홀에는 기본적인 가구가 준비되어 있는데도 월세가 높지 않았습니다. 신학 대학이 운영하는 곳이라서 입주자에게 배려했던 것 같습니다. 인터넷도 무료였습니다. 숙소 밖에는 잔디밭으로 된 넓은 마당이 있었습니다. 유치원생과 초등학교 저학년 아이가 뛰어놀기에는 안성맞춤이었습니다.

그런데 이와 같은 렌트비와 기반 시설뿐만이 아니라 학문적 및 문화적 교류 측면에서도 세인트 앤드류 홀은 대단히 매력적인 공간이었습니다.

첫째, 세인트 앤드류 홀에서는 연 2회 정도 방문 학자 강연회를 개최했습니다. 강연회에서는 연구년으로 온 방문 학자가 자신이 연구하는 분야에 대해 특강을 했습니다. 상반기와 하반기에 한 번씩 열렸습니다. 대중 강연의 형식이었기에 강연자는 가능한 한 알기 쉽게 이야기하려고 노력했습니다. 이 시간은 다른 학자의 연구 세계를 경험하는 소중한 기회가 됐습니다.

둘째, 포트럭(Potluck) 파티도 있었습니다. 영국에서 유래했다는 파티입니다. 지금은 유럽 및 북미 지역의 파티이자 소모임이 됐다고 합니다. 참가자 모두가 저마다 자신이 잘 만드는 간단한 음식을 준비한 후, 함께 나눠 먹은 방식입니다. 여러 가지 음식을 돌아가며 맛볼 수 있다는 점에서, 다른 참가자가 무엇을 준비할지 기대가 된다는 점에서 포트럭 파티는 대단히 흥미롭습니다. 그래서 '냄비(Pot)의 행운(Luck)'인 것 같습니다. 일본에서도 가끔 포트럭 파티를 한 적이 있었기에 저는 낯설지 않았습니다만, 다른 한국인 가족은 그렇지 않은 탓인지 약간 부담을 느끼는 것 같기도 했습니다.

셋째, '수프 데이(Soup Day)'도 빼놓을 수 없습니다. 기숙사에서는 매주 수요일에 영국식 수프와 빵을 입주자에게 무료로 제공해 주었습니다. 기숙사 관리자와 입주자 간, 그리고 입주자끼리 친목을 다지는 시간이었습니다. 수프는 매주 달랐습니다. 치킨 수프, 야채 수프, 소고기 수프 등 아주 다양했습니다. 저는 그전까지 수프는 양식을 먹기 전에 간단히 먹는 식전 음식 곧 '애피타이저(Appetizer)' 정도로 인식했습니다. 그러나 아니었습니다. 이것으로 간단한 저녁 식사가 됐습니다. **영어**[10])를 공부하기 위해 영국의 BBC가 제작한 동영상을 본 적이 있었는데, 그때 저녁 식사로 수프가 자주 나왔습니다. 세인트 앤드류 홀의 '수프 데이' 체험을 통해 '수프'를 이해하고, '수프'의 문화적 의미도 알 수 있었습니다.

더 알고 싶은 일본어 한자어

1） **전력 회사** : 電力会社(でんりょくがいしゃ)

JLPT 2급에 속합니다. '전력을 절약하다'는 '電力(でんりょく)を節約(せつやく)する'이고, '전력을 공급하다'는 '電力(でんりょく)を供給(きょうきゅう)する'입니다.

일본은 지역마다 전력 회사가 있습니다. 홋카이도(北海道)에는 홋카이도 전력(電力) 회사가 있습니다. 줄여서 '北電(ほくでん, 북전)'이라고 합니다. 잘 알려져 있듯이 일본의 전압은 100V~120V입니다. 캐나다의 전압도 100V~120V입니다. 따라서 일본의 전자 제품은 캐나다에서 그대로 사용할 수 있습니다. 그런데 밴쿠버에서는 정전이 가끔 있습니다. 강풍이 분다든지 폭설이 내리면 종종 전기가 나갑니다. 다만 같은 밴쿠버라고 해도 지역에 따라서 다른 것 같습니다. 밴쿠버에는 전기로 가는 버스가 있습니다. 그런데 한국과 같은 전기 버스가 아닙니다. 트롤리버스(Trolleybus)입니다. 마치

노면 전차처럼 버스 천장에 전깃줄이 연결되어 있습니다. 노면 전차와 다른 점은 레일이 없다는 점입니다. 또한 버스 앞에 자전거를 두 대 정도 메달 수 있습니다. 자전거 승객을 위한 배려입니다.

2) **원칙** : 原則(げんそく)

JLPT 1급에 해당하는 고급 어휘입니다. '원칙을 정하다'는 '原則(げんそく)をきめる'이고, '원칙에 따르다'는 '原則(げんそく)に基(もと)づく'입니다. '원칙에서 벗어나다'는 '原則(げんそく)から外(はず)れる'이고, '원칙(적)으로 허가하지 않는다'는 '原則(げんそく)として許可(きょか)しない'입니다.

졸저인 『일본문화의패턴－일본문화를 이해하는 10가지 문화형』(박문사, 2017년)에서 일본 문화형을 10개로 구분하고, 거기에 '원칙 문화형'이라는 장(章)을 두었습니다. 그리고 일본이 원칙을 중시하는 문화형에 속한다면, 한국은 상황을 중시하는 문화형이라고 서술했습니다. 캐나다 생활이 그다지 길지 않았기에 확언하기 어렵지만, 직관적으로는 캐나다는 원칙 문화형에 가깝다는 느낌을 받았습니다. 다만 다문화 사회이고 이민 사회이기에 이 부분에 대해서는 좀 더 검토가 필요할 것 같습니다.

3) **화장실** : 化粧室(けしょうしつ)

화장실을 말할 때 '化粧室(けしょうしつ)'라는 말을 사용할 수는 있지만, 'お手洗(てあらい)' 또는 'トイレ(toire)'라는 표현을 더 많이 사용합니다.

일본의 가정집에는 한국과 같이 욕조와 화장실이 같이 있는 곳도 있지만, 욕조와 화장실을 별도로 두는 경우가 흔합니다. 이때 화장실은 건식 화장실이라고 생각하면 됩니다. 일본은 어디에 가도 화장실이 깨끗한 편입니다. 어떨 때는 지나칠 정도로 청결하거나 너무 소리에 민감한 것이 아닐까 하는 생각마저 듭니다. 한국에서는 지금은 거의 쓰지 않는 표현이지만, 일본에서는 종종 '便所(べんじょ, 변소)'라는 말을 씁니다. '公衆便所(こうしゅうべんじょ, 공중변소)'나 '水洗便所(すいせんべんじょ, 수세식 변소)'처럼 말입니다. 캐나다도 화장실이 깨끗합니다. 그런데 로키산맥 여행을 갔을 때입니다. 가는 도중에 몇 번 화장실을 들른 적이 있습니다. 자연을 보호한다는 이유로 재래식 화장실이 여기저기에 있었습니다. 스키장으로 유명한 휘슬러(Whistler)에 갔을 때입니다. 소변을 보는 남자 화장실에 칸막이가 없었습니다. 다만 이런 경우는 정말 드문 것이었습니다. 캐나다에 있을 때 휘슬러 스키장에서 딱 한 번 있었습니다. 스키장이라는 특수성 때문인지도 모르겠습니다.

4) **급식 :** 給食(きゅうしょく)

JLPT 1급에 들어갑니다. 관련 표현으로 '学校給食(がっこうきゅうしょく, 학교 급식)'와 '給食費(きゅうしょくひ, 급식비)'가 입니다.

일본은 초중고에서 급식을 시행하고 있습니다. 급식비는

학부모가 부담해야 합니다. 정치권과 시민 단체에서는 급식비를 없애야 한다는 목소리를 내고 있지만, 아직 무료 급식이 실행되고 있지 못한 상황입니다. 흥미로운 것은 학부모 중에 오히려 무료 급식에 반대하는 목소리도 있다는 점입니다. 자기 아이들이 먹는 것은 부모가 부담하는 게 당연하다는 논리입니다. 2025년 3월 현재 캐나다는 소위 '선진국' 중에서 유일하게 학교 급식을 시행하고 있지 않는 나라입니다. 몇 번 시도는 했습니다만 결국 잘되지 않았습니다. 실시하지 못하는 이유는 크게 두 가지입니다. 첫째, 아이들이 알레르기(Allergy)를 많이 갖고 있어서 급식이 어렵다는 것입니다. 사실 캐나다에 살고 있는 적지 않은 아이들이 알레르기를 갖고 있는 것은 사실입니다. 청정 지역인 캐나다인데도 말입니다. 둘째, 다문화 사회이고 이민 사회이니 문화와 종교 등의 이유로 획일적인 급식이 어렵다는 것입니다. 일리가 없는 것은 아닙니다. 그러나 저는 진정한 이유는 다른 데 있다고 생각합니다. 급식을 실시하려면 일손이 많이 필요합니다. 급식을 만들어야 하고 배급해야 하기 때문입니다. 국토 면적은 세계 2위인데 인구는 겨우 4,000만 명 정도에 불과합니다. 급식을 시행하기에는 사람이 너무 부족합니다. 얼마 전부터 밴쿠버의 초등학교에서는 '핫런치(Hot Lunch)'를 도입했습니다. 학교에 신청한 아이에게만 급식비를 받고 급식을 제공하는 제도입니다. 하려면 할 수 있는 것이 급식이라는 것을 웅변적으로 말해 주고 있습니다. 캐나다 아이들의 점심 도시락은 정말

간소합니다. 바나나와 같은 과일과 샌드위치 같은 빵을 조금 만 싸 주면 됩니다. 밴쿠버의 생활을 회고할 때 제일 먼저 떠 오르는 것이 아이들의 점심 도시락 준비였습니다. 처음에는 아내가 준비했습니다. 하지만 일주일도 못 가서 "이건 지옥 이다. 더는 못 한다!"라고 아내는 선언했습니다. 일본인 아내 는 한국인이 생각하는 '도시락'(예컨대 김밥 또는 밥과 밑반 찬 몇 개로 된 것)을 준비한 것이 아닙니다. 흔히 일본에서 아 이들에게 싸 주는 '벤토(弁当, べんとう)'를 매일 싸 주려고 했 기 때문입니다. 이때 '벤토'는 가정식의 축소판입니다. 이 말 을 달리 표현하면 미국 인류학자 앨리슨(Allison)이 말한 대 로 '일본의 벤토는 가정을 상징하는 매개체'(주영하『음식전 쟁, 문화전쟁』사계절, 2000년, 192쪽 재인용)이고, '배려의 문화적 코드'(김정운『일본열광』프로네시스, 2007년, 246쪽) 입니다. 여하튼 아내의 포기 선언 이후 제가 새벽 6시에 일어 나서 두 아이의 도시락을 쌌습니다. 물론 일본식 '벤토'가 아 니라 한국식 '도시락'입니다.

5) **정월** : 正月(しょうがつ)

정월은 보통 'お'를 붙여서 'お正月(しょうがつ)'라고 합니 다. '元旦(がんたん, 원단)' 또는 '新年(しんねん, 신년)'도 정월을 의미합니다. '정월 연휴'는 '正月(しょうがつ)の連休 (れんきゅう)'입니다.

일본의 정월은 정말 다채롭습니다. 연하장인 '年賀状(ね んがじょう)'를 주고받습니다. 새해를 축하하는 의미로 여러 가지 장식을 합니다. '카도마쓰(門松, かどまつ)'라는 대나무와 소나무 장식을 집 앞에 세워 놓습니다. '가가미모찌(鏡餅, かがみもち)'라는 떡을 신에게 바칩니다. 새해 첫날에는 신사나 절에 가서 신에게 가족의 안녕과 복을 빌기도 합니다. 캐나다는 카운트다운(Countdown)과 불꽃놀이로 새해를 맞이합니다. 캐나다는 신년보다는 크리스마스를 더 성대하게 하는 것 같습니다.

6) 체험 : 体験(たいけん)

　　JLPT 1급에 들어갑니다. '첫 경험'은 '初体験(はつたいけん)'이고, '직접 체험'은 '直接体験(ちょくせつたいけん)'입니다. '체험담'은 '体験談(たいけんだん)'이고, '전쟁 체험'은 '戦争体験(せんそうたいけん)'입니다.

　　체험은 참 중요한 것 같습니다. 책을 읽어서 알고 있는 것과는 정말 다릅니다. 일본에서 체험한 것 중에 가장 인상 깊었던 것은 가와바타 야스나리가 『설국』에서 썼던 '長(なが)いトンネル(tonneru)を抜(ぬ)けると雪国(ゆきぐに)であった。夜(よる)の底(そこ)が白(しろ)くなった。' 곧 '긴 터널을 빠져나오니 설국(눈 고장)이었다. 밤의 밑바닥이 하얘졌다'를 직접 느낀 것입니다. 글을 읽을 때와는 너무 달랐습니다. 캐나다와 미국이 세계에서 제일 긴 국경을 가지고 있다는 것은 알고 있었고, 자동차를 이용한 육로로 국경을 지날 수 있다는 것도 알고는 있었습니다. 그러나 직접 자동차를 몰고 국경을 지날 때의 느낌과 긴장감은 역시 몸소 체험해 보지 않으면 알 수 없을 것 같습니다.

7) **명절** : 節句(せっく)

한국어의 명절을 의미하는 한자인 '名節'은 일본어에는 없다고 생각합니다. 그런 의미의 일본어는 '셋쿠(節句, せっく)'입니다.

연중행사라는 측면에서 캐나다를 살펴보면 역시 추수감사절(Thanksgiving Day), 핼러윈, 크리스마스가 가장 대표적인 것 같습니다. 공통점은 모두 가족 행사라는 점입니다. 특히 핼러윈은 아이들이 주인공이고, 부모는 아이들을 도와주는 역할을 합니다. 이것이 일본과 한국에서는 젊은이들만의 축제로 변질되어 버렸습니다. 잘 알려진 고사입니다만, 중국 고사에 '강남귤화위지(江南橘化爲枳)'가 있습니다. 강남의 귤을 강북에 옮겨 심으면 탱자가 된다는 뜻입니다. 이런 변용이 문화 수용에서도 잘 나타난다고 생각합니다.

8) **욕조** : 浴槽(よくそう)

욕조는 '유부네(湯船, ゆぶね)'라고도 합니다. 욕조가 배(船) 같이 생겨서 이런 말이 나온 것 같습니다.

일본인은 목욕을 '하는 것'이 아니라 '즐기는 것'이라고 생각합니다. 하루의 피로도 풀고, 휴식도 취하는 것입니다. 따라서 욕조에 '入浴剤(にゅうよくざい, 입욕제)'라는 온천 성분이 들어간 것을 넣어 온천욕을 하는 듯한 기분을 자주 냅니다.

9) 도서관 : 図書館(としょかん)

　　JLPT 4급에 들어갑니다. 관련 표현으로 '国会図書館
(こっかいとしょかん, 국회 도서관)'과 '大学図書館(だいがく
としょかん, 대학 도서관)'이 있습니다.

　　일본에는 소규모 도서관이 비교적 잘 갖추어져 있습니다.
캐나다도 마찬가지입니다. 밴쿠버에는 'Vancouver Public
Library(줄여서 VPL)'라는 공공 도서관이 구축되어 있습니
다. 특히 다운타운에 있는 센트럴 지점에는 한국과 일본 그리
고 중국 관련 도서가 정말 잘 갖추어져 있습니다. 밴쿠버에
동양계 이민자가 많기 때문이라고 생각합니다. 또한 이 센트
럴 지점의 도서관은 무척 아름답습니다. 이탈리아의 로마에
있는 콜로세움을 연상시키는 원통형 건물입니다. 원통형 건
물은 공간 활용 측면에서 효율적이지 않다고 합니다. 그럼에
도 센트럴 지점의 VPL 건물은 대단히 성공적이라고 생각합
니다. 랜드마크(Land Mark)의 역할도 하기 때문입니다.

10) 영어 : 英語(えいご)

　　JLPT 4급 한자어입니다. '영어 선생님'은 '英語(えいご)
の先生(せんせい)'이고, '영어 실력'은 '英語力(えいごりょ
く, 영어력)'입니다.

　　일본인도 한국인과 같이 영어에 많은 관심이 있지만 영어
회화에는 익숙하지 않습니다. 수험 영어만 해 왔기 때문입니
다. 또한 영어 발음에 신경을 무척 많이 씁니다. 물론 발음은
중요합니다만, 발음에 너무 집착하는 것은 단일 언어 사회에

서 볼 수 있는 현상인 것 같습니다. 다문화·이민 사회인 밴쿠버에서 느꼈던 점은 영어 발음에는 여러 가지가 있다는 것입니다. 중국식 영어 발음, 인도식 영어 발음, 일본식 영어 발음, 한국식 영어 발음 등. 그럼에도 대부분의 영어 원어민은 이민자의 영어 발음을 잘 이해해 주거나 이해해 주려고 노력합니다.

일본어 한자어 체크

人間(にんげん) 인간, 体(からだ) 몸, お節料理(せちりょうり) 설명절 요리, お雑煮(ぞうに) 떡국, 年(とし)越(こ)しそば 섣달그믐날 밤에 먹는 소바, 体格(たいかく) 체격, 身体(しんたい) 신체, 肉体(にくたい) 육체, 物体(ぶったい) 물체, 形体(けいたい) 형체, 主体(しゅたい) 주체, 体面(たいめん) 체면, 電力会社(でんりょくがいしゃ) 전력 회사, 節約(せつやく) 절약, 供給(きょうきゅう) 공급, 原則(げんそく) 원칙, 許可(きょか) 허가, 化粧室(けしょうしつ) 화장실, お手洗(てあらい) 화장실, 便所(べんじょ) 변소, 公衆便所(こうしゅうべんじょ) 공중변소, 水洗便所(すいせんべんじょ) 수세식 변소, 給食(きゅうしょく) 급식, 学校給食(がっこうきゅうしょく) 학교급식, 給食費(きゅうしょくひ) 급식비, 正月(しょうがつ) 정월, 元旦(がんたん) 새해, 新年(しんねん) 신년, 連休(れんきゅう) 연휴, 年賀状(ねんがじょう) 연하장, 門松(かど

まつ) 새해에 정문 앞에 장식하는 대나무와 소나무 장식, 鏡餅(かがみ
もち) 새해에 신에게 바치는 떡, 体験(たいけん) 체험, 初体験(はつ
たいけん) 첫 경험, 直接体験(ちょくせつたいけん) 직접 체험, 体
験談(たいけんだん) 체험담, 戦争体験(せんそうたいけん)
전쟁 체험, 節句(せっく) 명절, 浴槽(よくそう) 욕조, 入浴剤(にゅう
よくざい) 입욕제, 図書館(としょかん) 도서관, 国会図書館(こっ
かいとしょかん) 국회 도서관, 大学図書館(だいがくとしょかん)
대학 도서관, 英語(えいご) 영어, 先生(せんせい) 선생님, 英語力
(えいごりょく) 영어 실력

제6절

영(英)

영국 문화의 향기

❀

　일본의 정치 조직은 입헌 민주주의라고 말할 수 있습니다. 입헌 군주제와 의원 내각제를 같이 가지고 있는 것입니다. 따라서 한국과 가장 다른 점은 '덴노(天皇, てんのう)' 곧 '**천황**[1]'이 있는 것입니다. 바로 천황제입니다.

　일본에서 '天皇(てんのう)'라는 명칭이 보이기 시작한 것은 7세기경입니다. 이 호칭은 일본에서 가장 오래된 시가집인 『만엽집』과 일본의 정사(正史)인 『일본서기』에서 확인할 수 있습니다. 그리고 『만엽집』을 대표하는 가인(歌人) 중에 가키노모토노 히토마로(柿本人麻呂)가 있습니다. 그는 『만엽집』의 권3의 235번 노래에서 다음과 같이 읊습니다. 인용은 이연숙의 『한국어譯[2] 만엽집 2』(박이정, 2012년, 23쪽)에서 했습니다.

　　대왕께서는
　　신이신 까닭으로

하늘 구름에

울리는 천둥 위에

임시 궁전 지었네

위 노래에 나오는 '대왕'은 '천황'으로 봐도 무방합니다. 결국 가키노모토노 히토마로는 '천황을 **신**[3]'이라고 노래하고 있습니다. 일본 연구자 중에 가키노모토노 히토마로를 어용(御用) 가인이라고 평하는 이유가 바로 여기에 있습니다.

'제국 일본'은 천황을 중심으로 한 국가였습니다. 이런 사실은 당시 헌법이었던 대일본 제국 헌법에 잘 드러나 있습니다. 제1조는 '대일본 제국은 만세일계의 천황이 이를 통치한다'라고 되어 있습니다. 여기서 '만세일계(万世一系)'라는 것은 일본 황실이 초대 천황 이후 단 한 번도 단절되지 않았다는 것입니다. 이데올로기에 불과합니다. '万世一系'는 'ばんせいいっけい'라고 읽습니다. 제2조는 '황위는 황실 전범이 정하는 바에 따라 황남 자손이 이를 계승한다'입니다. '황남 자손(皇男子孫)'에서 알 수 있듯이 **여성**[4]은 천황이 될 수 없습니다. 남성 중심의 가부장적 성격이 잘 보입니다. 제3조는 '천황은 신성하며 침해하여서는 안 된다'입니다. 천황은 신성불가침한 존재라는 말입니다. 탄핵이나 책임을 물을 수 없다는 뜻입니다. 제11조는 '천황은 육해군을 통수한다'입니다. 천황이 군 통수권을 지닌다는 말입니다. 제14조는 '천황은 계엄을 선고한다'입니다. 계엄을 선포할 수 있습니다.

이와 같은 헌법 조항을 보면 '제국 일본'에서 천황은 무소불위의 권력을 행사했다는 것을 잘 알 수 있습니다. 이런 천황의 지위는 미국과 벌인 태평양 전쟁에서 패한 후, 지금의 **상징**5) 천황제로 변합니다. 존재는 하지만 통치하지는 않는다는 말입니다.

〈꽃부리 영(英)〉
의미: 꽃부리, 뛰어나다, 아름답다
음독: 【えい】
　　　英断(えいだん) 영단, 英才(えいさい) 영재, 英語(えいご) 영어, 英華(えいが) 영화

캐나다6)의 정치 조직은 입헌 군주제와 내각 책임제로 운영되고 있습니다. 실질적으로 정치는 총리가 수행하지만, 흥미롭게도 영국 국왕인 찰스 3세가 현재 캐나다의 국왕입니다. 물론 국왕은 정치에 참여하지 않습니다. 이 점에서 일본과 유사합니다. 캐나다는 호주, 뉴질랜드와 함께 영연방에 속해 있습니다. 그러다 보니 캐나다에서는 영국 문화가 엿보입니다.

밴쿠버의 서쪽에는 밴쿠버섬이 있습니다. 이 섬은 브리티시컬럼비아주 남서부에 위치합니다. 밴쿠버에서 약 100km 정도 떨어져 있습니다. 여기에 가기 위해서는 페리(Ferry)를 타야 합니다. 상주하는 인구는 약 130만 명 정도입니다. 면적은 32,100km²로 제주도의 약 17배 정도입니다. 섬이라고는 하지만 전혀 작지 않습니다. 밴쿠버가 있는 브리티시컬럼비아주의 주도(州都)는 밴쿠버섬의 빅토리아에

있습니다. 이 빅토리아는 **영국**[7]과 깊은 인연이 있습니다. 영국 이민자의 손에 의해 본격적으로 개발되었기 때문입니다. 여기에 있는 주(州)의회당에도 영국을 느낄 수 있습니다. 주의회당에서 5분 정도 걸어 가면 페어몬트 앰프레스(Fairmont Empress)라는 호텔이 나옵니다. 1908년에 건립된 영국풍 호텔입니다. 주의회당과 그 앞의 항구 주변은 **야경**[8] 으로 유명합니다. 여기를 방문했을 때 스코틀랜드의 백파이프(Bagpipes)를 연주하는 거리 연주자를 목격했습니다. 이처럼 빅토리아 곳곳에는 영국풍의 건물과 분위기가 많이 남아 있었습니다.

이뿐만이 아닙니다. 빅토리아에는 영국 문화의 하나인 '애프터눈 티(Afternoon tea)' 문화도 짙게 남아 있습니다. '애프터눈 티'는 오후 3시에서 5시경 사이에 **홍차**[9]와 다과를 곁들인 가벼운 식사를 말합니다. 이것으로 영국 귀부인들의 한가한 오후를 추체험할 수 있습니다. '애프터눈 티'는 보통 삼단(三段)으로 구성되어 있습니다. 여기에는 샌드위치, 스콘, 비스킷, 케이크 등이 담겨 있습니다. '애프터눈 티'를 경험하기 위해 비교적 이름이 알려진 곳으로 들어갔습니다. 먹어 보니 제 입맛에는 조금 달았습니다. 아이들 간식 같은 느낌이었습니다. 주위를 둘러보니 우리 가족을 제외하고는 손님들이 복장에 꽤 신경을 쓴 모습이었습니다.

또한 빅토리아에는 영국 요리인 '피시앤칩스(Fish and Chips)'가 유명한 가게도 많았습니다. 이때 피시(Fish)는 대구 같은 흰살생선에 튀김옷을 입혀 튀겨낸 것입니다. 칩스(Chips)는 **감자**[10]튀김을 말합니다.

빅토리아에 가서 브리티시컬럼비아주에 왜 '브리티시(British)'라는 말이 붙어 있는지를 잘 알 수 있었습니다.

더 알고 싶은 일본어 한자어

1) **천황** : 天皇(てんのう)

일본의 국왕을 가리키는 말이지만 비유적으로 쓸 때도 있습니다. 예를 들어 '재계의 거물(천황)'은 '財界(ざいかい)の 天皇(てんのう)'이고, '의학계의 거물(천황)'은 '医学界(いがくかい)の 天皇(てんのう)'입니다.

민주 공화국인 한국에 살고 있는 한국인에게는 '천황제'는 이해하기 어렵습니다. 한국의 신문에 '일본이 천황을 없애면 된다'라는 내용의 기사가 가끔 실리는 이유가 바로 여기에 있습니다. 이런 기사가 나온다는 것 자체가 일본에서 천황이 차지하는 의미를 잘 모른다는 것을 방증합니다. 현재 일본에서 천황은 상징 천황이라고 해서 존재하지만 군림하지는 않습니다. 사회 통합의 역할과 외국과의 외교에서 일정 정도의 역할만 수행할 뿐입니다. 항상 하는 말이지만 일본 국민에게 천황은 '공기와 같은 존재'입니다. 일본 국민에게 천황이 있는 것은 너무나 당연한 일입니다. 왜냐하면 김필동이 『일본의 정체성』(살림, 2005년, 52쪽)에서 말하고 있듯이, 천황에 대한 경애 사상과 천황에 대한 국민의 확고한 지지가 오늘날까지 변함이 없기 때문입니다. 다만 천황이 필요 없다고 말하는 사람도 소수이기는 하지만 있습니다.

2) **역** : 訳(やく)

　　JLPT 2급에 해당합니다. '通訳(つうやく, 통역)', '誤訳(ご
やく, 오역)', '直訳(ちょくやく, 직역), '意訳(いやく, 의역)',
'翻訳(ほんやく, 번역)' 등이 대표적인 한자어입니다.

　　일본의 근대는 '번역의 근대'라고 말합니다. 일본이 근대
일본을 만들어가는 데 번역의 역할이 지대했기 때문입니다.
한국의 근대는 '중역의 근대'라고 말할 수 있습니다. 최경옥
은『번역과 일본의 근대』(살림, 2005년, 79쪽)에서 한국의
서양 문명 수용은 일본에 의해 번역된 제2의 서구 문명을 이
식받은 것이라고 말합니다. 일본이 번역한 것을 다시 번역했
기 때문입니다. 중역했다는 말입니다. '중역'은 '重訳(じゅう
やく)'라고 합니다. 이희재는『번역의 탄생』(교양인, 2009년,
9쪽)에서 중역을 '기원의 은폐'라고도 말합니다. 표절이라는
말입니다. 그런데 예전에 번역은 그 언어의 전문가만 할 수
있는 영역이었습니다. 그러나 지금은 AI 시대입니다. 물론
지금도 번역은 중요합니다만, 그 중요성은 많이 달라졌다고
생각합니다. 캐나다에서 생활할 때 모르는 단어나 문장이 나
오면 스마트폰을 켰습니다. 가끔 이상한 번역도 있었지만 대
체로 빠르고 정확하게 한국어로 옮겨 주었습니다.

3) **신** : 神(かみ)

　　JLPT 2급에 들어갑니다. '신에게 빌다'는 '神(かみ)に祈
(いの)る'이고, '나는 신을 믿는다'는 '私(わたし)は神(かみ)

を信(しん)じる'입니다.

　일본에는 '팔백만의 신' 곧 '八百万(やおよろず)の神(か
み)'가 있다고 합니다. 이때 '팔백만(八百万)'이라는 말은 정
확히 '팔백만'이라는 말이 아닙니다. '많다'라는 뜻입니다.
그런 의미에서 일본은 다신교 국가라고 볼 수 있습니다. 하지
만 여기서 기독교의 역할은 대단히 미미합니다. 역시 불교가
생활 속에 깊숙이 녹아들어 있습니다. 이처럼 일본인에게는
불교를 포함한 민속 신앙의 영향이 적지 않게 남아 있습니다.
이에 대해서는 졸저인『일본인의 행동패턴』(박문사, 2019년)
에서 정리했습니다. 반면에 캐나다를 포함한 북미권에서 기
독교인의 비율이 감소하고 있다고는 하지만 그들의 문화에
남긴 기독교의 영향은 적지 않습니다.

4) **여성 : 女性(じょせい)**

　JLPT 3급입니다. '여성의 지위를 높이다'는 '女性(じょせ
い)の地位(ちい)を高(たか)める'이고, '동갑의 여성'은 '同
(おな)い年(どし)の女性(じょせい)'입니다. 이 '여성'과 비슷
한 한자어가 '女子(じょし, 여자)'입니다. '女子(じょし)'는
JLPT 3급의 한자어입니다. 관련된 한자어에 '女子校(じょし
こう, 여학교)', '女子中学校(じょしちゅうがっこう, 여자 중학
교)', '女子高(じょしこう, 여고)' 등이 있습니다. 요컨대 '女
性(じょせい)'는 성인이 된 사람을 가리키는 데 반해, '女子
(じょし)'는 미성년의 사람을 지칭합니다.

5) 상징 : 象徵(しょうちょう)

　　JLPT 1급에 해당합니다. '국가 상징'은 '国家(こっか)の
象徵(しょうちょう)'이고, '상징적 존재'는 '象徵的(しょうちょう
てき)な存在(そんざい)'입니다.

　　일본의 상징으로는 후지산(富士山, ふじさん), 천황(天皇,
てんのう) 등이 있습니다. 캐나다의 상징은 무엇일까요? 맞
습니다. 단풍잎입니다. 이것은 캐나다의 국기에 단풍나무의
붉은 잎이 그려져 있는 것에서도 알 수 있습니다. 실제로 캐
나다에는 단풍나무가 많이 자랍니다. 캐나다를 단풍나무의
나라라고 부르는 이유입니다. 단풍나무는 일본어로 'メープ
ル(me-puru)'라고 합니다. 캐나다 동부에는 토론토에서 퀘
벡까지 800km 이상 뻗은 단풍길인 '메이플 로드(Maple
Road)'가 있습니다.

6) 캐나다 : 加奈陀(カナダ)

　　일본이라는 명칭은 '日(ひ)の本(もと)' 곧 '해 뜨는 곳'에서
왔습니다. '일본(日本)'이라는 국명이 사실은 그들의 서쪽에
있는 중국을 의식했기 때문에 나왔다는 것을 의미합니다. 캐
나다라는 국명은 어디에서 왔을까요? 캐나다라는 말은 캐나
다 인디언(Indigenous Canadians)의 말로 정착, 마을, 땅을
뜻하는 '카나타'에서 유래했다고 합니다. 현재 일본어에서
는 캐나다를 'カナダ(kanada)'로 표기합니다. 'カナダ'에서
'カ(ka)'는 '카'이고, 'ナ(na)'는 '나'이고, 'ダ(da)'는 '다'입
니다. 하지만 예전에는 '加奈陀(카나타)'로 한자로 표기했습

니다. '加'가 'カ(ka)'이고, '奈'가 'ナ(na)'이고, '陀'가 'ダ(da)'이기 때문입니다. 지금도 그 흔적이 남아 있습니다. 'カナダ'를 생략하여 표기할 때 한자 '加'로 나타냅니다. 미국 표기도 이와 비슷한 역사가 있습니다. 일본에서 '미국'의 한자 표기는 '米国(べいこく)'입니다. 왜 이런 표기를 쓸까요? 예전에 일본에서는 '아메리카(アメリカ, America)'를 '亜米利加(아메리카)'로 표기했습니다. '亜'는 'ア(a)'이고, '米'는 'メ(me)'이고, '利'는 'リ(ri)'이고, '加'는 'カ(ka)'입니다. 여기서 '米'를 가져온 후, 이것을 음독하여 'べい'라고 읽고, 그 뒤에 '国(こく)'을 붙이면 '米国(べいこく)'가 됩니다.

7) **영국 : 英国(えいこく)**

'영국'은 'イギリス(igirisu)'라고 하고, 한자로는 '英国(えいこく)'라고 표기합니다. 이때 '英国(えいこく)'라는 표기는 '英吉利国(エイギリスコク, eigirisukoku)'에서 왔습니다.

일본은 영국의 영향을 적지 않게 받았습니다. 대표적인 것이 자동차의 진행 방향과 운전대의 위치입니다. 한국과 정반대입니다. 캐나다도 영국의 흔적이 많이 남아 있습니다. 예를 들어보겠습니다. 한국에서는 로키산맥으로 알려졌지만, 캐나다에서는 보통 밴프(Banff) 혹은 밴프 국립공원에 간다는 것이 로키산맥을 보러 간다는 의미입니다. 로키산맥은 캐나다의 앨버타주(州)에 있습니다. 밴프 관광은 결국 산과 호수를 보는 관광이라고 요약할 수 있습니다. 그런데 호수 중에서도 가장 대표적인 명소는 레이크 루이스(Lake Louise)입니다. 에메랄드(Emerald)의 매우 아름다운 호수입니다. 이 호수의 명칭은 원래 '에메랄드 레이크'였습니다. 그런데 영국 빅토리아 여왕의 네 번째 딸인 루이스 캐롤라인 앨버타(Louise Caroline Alberta)의 이름을 빌려와 '레이크 루이스'라고 했다고 합니다. 그런데 '루이스' 자신은 이 호수에 와 보지 못했다고 합니다. '루이스'라는 호수 이름에서, 또한 '앨버타'라는 주 명칭에서도 알 수 있듯이 캐나다에는 영국에 대한 존경이 있습니다.

8) **야경** : 夜景(やけい)

홋카이도의 삿포로에는 'もいわ山(やま)' 곧 '모이와산'이 있습니다. 해발 531m 정도입니다. 전망대에서 바라보는 야경이 매우 아름답습니다. 밴쿠버 근교에 그라우스 마운틴(Grouse Mountain)이 있습니다. 해발 1,231m입니다. 야간에 산 정상에서 곤돌라를 타고 내려오면서 밴쿠버의 도시와 바다를 바라보는 야경은 절경 그 자체입니다.

9) **홍차** : 紅茶(こうちゃ)

JLPT 2급에 들어갑니다. '홍차를 내다'는 '紅茶(こうちゃ)を入(い)れる'입니다.

일본의 차(茶)라고 하면 역시 '녹차'입니다. 일본어로 '緑茶(りょくちゃ)'라고 합니다. 녹차 명산지로 시즈오카현(静岡県)이 있습니다. 캐나다가 영국의 식민지였기 때문인지 밴쿠버에는 홍차 전문점이 꽤 있습니다. 관광지로 유명한 그랜빌 아일랜드(Granville Island)에는 그랜빌 아일랜드 티 컴퍼니

(Granville Island Tea Company Ltd)라는 홍차 전문점이 있습니다.

10) **감자** : じゃが芋(いも)

줄여서 '芋(いも, 우)'라고도 합니다.

그런데 '芋(いも)'라는 말은 속어로 '촌스럽고 멋없는 사람이나 물건'을 가리킬 때 사용하기도 합니다. 홋카이도는 감자의 명산지입니다. 그래서 감자를 사용한 음식이 적지 않습니다. 감자떡이 대표적입니다. 캐나다도 감자가 많이 생산됩니다. 유명한 감자 요리로는 영국 음식인 피시앤칩스(Fish and Chips)가 있고, 프랑스 요리인 '푸틴(Poutine)'이 있습니다. '푸틴'은 감자튀김에 치즈 등이 들어간 음식입니다. 캐나다의 국민 음식 가운데 하나로 여겨집니다. 서울에도 '푸틴'을 맛볼 수 있는 곳이 있어서 캐나다에 가기 전에 가족과 함께 한 번 들른 적이 있습니다. 감자 맛과 소스 때문인지 캐나다에서 맛본 '푸틴'과는 좀 달랐습니다.

일본어 한자어 체크

天皇(てんのう) 천황, 万世一系(ばんせいいっけい) 만세일계, 英断(えいだん) 영단, 英才(えいさい) 영재, 英語(えいご) 영어, 英華(えいが) 영화, 財界(ざいかい) 재계, 医学界(いがくかい) 의학계, 通訳(つうやく) 통역, 誤訳(ごやく) 오역, 直訳(ちょくや

く) 직역, 意訳(いやく) 의역, 翻訳(ほんやく) 번역, 重訳(じゅうや
く) 중역, 神(かみ) 신, 八百万(やおよろず) 팔백만, 女性(じょせ
い) 여성, 地位(ちい) 지위, 同(おな)い年(どし) 동갑, 女子(じょ
し) 여자, 女子校(じょしこう) 여자학교, 女子中学校(じょしちゅう
がっこう) 여자중학교, 女子高(じょしこう) 여자고등학교, 女性(じょ
せい) 여성, 象徴(しょうちょう) 상징, 国家(こっか) 국가, 存在(そ
んざい) 존재, 富士山(ふじさん) 후지산, 米国(べいこく) 미국, 英
国(えいこく) 영국, 夜景(やけい) 야경, 紅茶(こうちゃ) 홍차, 緑
茶(りょくちゃ) 녹차, じゃが芋(いも) 감자

경(境)

문화적 월경

❀

일본으로 유학을 가면서 국경을 처음 넘었습니다. 당시 저에게 국경이란 바다 건너의 저쪽 낯선 곳으로 가는 물리적 월경(越境)이었습니다. **바다**[1]는 아니지만 '국경' 너머의 공간을 간접적으로나마 상상했던 것은 **교과서**[2]에 나왔던 김동환의 서사시인 <국경의 **밤**[3]>을 읽었을 때입니다. 이 시는 한국 최초의 근대 서사시로 평가받고 있습니다. 아래와 같이 시작합니다(인용은 https://gamecoinkorea.tistory.com).

> "아하, 무사히 건넜을까,
> 이 한밤에 남편은
> 두만강을 탈없이 건넜을까?
>
> 저리 국경 강안(江岸)을 경비하는
> 외투(外套) 쓴 검은 순사가
> 왔다── 갔다──

오르명 내리명 분주히 하는데
발각도 안되고 무사히 건넜을까?"

소금실이 밀수출(密輸出) 마차를 띄워 놓고
밤 새 가며 속태우는 젊은 아낙네,
물레 젓던 손도 맥이 풀려서
'파!' 하고 붙는 어유(魚油) 등잔만 바라본다.
북국(北國)의 겨울밤은 차차 깊어 가는데.

(후략)

<국경의 밤>은 일제강점기의 함경북도 두만강 국경 지대를 배경으로 하고 있습니다. 여기서 화자(話者)는 사랑하는 사람이 국경을 무사히 건너가기를 기원하고 있습니다.

〈경계 경(境)〉

의미: 경계, 장소

음독: 【きょう】

国境(こっきょう) 국경, 国境線(こっきょうせん) 국경선,
国境紛争(こっきょうふんそう) 국경 분쟁, 境地(きょうち) 경지

훈독: 【さかい】

境(さかい) 경계

이와 같은 작품 속 화자의 감정을 저는 **동해**[4]를 건너면서 느꼈습니다. 일본에 입국하기 위해서는 여권과 항공권 그리고 유학생 비자 정도만 있으면 가능했습니다. 도일(渡日)은 생각보다 어렵지 않았습니다. 그런데 삿포로의 신치토세(新千歲) 공항에 도착하여 입국 절차를 마친 후 드디어 일본 땅에 첫발을 내딛는 순간 저를 기다리고 있었던 것은 물리적 월경의 충격이 아니었습니다. 문화적 월경의 충격이었습니다.

1997년 당시 한국에서는 많지는 않았지만, 여성 중에 **담배**[5]를 피웠던 사람은 있었습니다. 하지만 술집이나 인적이 드문 곳에서 남몰래 피우는 것이 흔한 광경이었습니다. 그러나 일본은 달랐습니다. 당당하게, 그것은 연장자와 함께, 아무 거리낌 없이 여성이 흡연한다는 것을 단 한 번도 상상해 본 적이 없었습니다. 문화적 월경에서 오는 혼란은 여기에 그치지 않았습니다. 대학원 연구실 풍경입니다. 대학원생이 지도 교수와 태연하게 맞담배를 피웠습니다. 지도 교수가 연구실에 들어와도 **인사**[6]도 하지 않고 자신이 하던 일만 계속했습니다. 지도 교수나 다른 교수에게 반말도 했고, 뒷담화도 자주 했습니다. 술집 풍경입니다. 지도 교수에게 **술**[7]을 따라줄 때도 한 손으로 따라주고, 술을 받을 때도 한 손으로 받았습니다. 여자 교수들은 남자 대학원생들에게 술을 따라줄 적절한 시기를 보느라 자기 술도 마시지 못하고 눈치를 보고 있었습니다. 같은 동아시아 국가인 일본이지만 한국과는 문화적으로 많은 차이를 보였습니다.

바다를 건너 국경을 넘은 또 다른 경험은 신혼여행으로 유럽에 갔을 때입니다. 하지만 왠지 기억에 남아 있지 않습니다. 여행사를 통한 투어였기 때문인지 모릅니다. 역시 기억에 남는 것은 연구년으로 캐나다의 국경을 넘었을 때입니다. 여권과 항공권, 비자, ETA라는 전자여행허가만 있으면 국경을 넘는 데 큰 문제는 없습니다. 캐나다에서도 역시 문화적 월경의 여파가 기다리고 있었습니다.

밴쿠버의 특수성과 연관됩니다만, 이곳에는 한국계와 일본계 이민자도 있지만 중국계(대만 및 홍콩 포함) 이민자가 상당히 많은 편이었습니다. 그들은 영어를 공용어로 하고 자신들끼리는 북방 중국어인 **만다린**[8]어(Mandarin Language)로 소통했습니다. 또한 영어만 사용하는 화자(話者)도 적지 않았습니다. 자신의 주변에 있는 동양계가 모두 영어가 모국어라는 것을 저는 단 한 번도 상상해 본 적이 없었습니다. 일본에서는 일본어였고, 한국에서는 한국어였기 때문입니다. 또한 인도계 **이민자**[9]가 적지 않다는 것도 놀라웠습니다.

국경을 넘는 체험 가운데 가장 인상 깊었던 것은 역시 캐나다에서 미국으로 도미(渡美)할 때였습니다. 필요 서류는 여권과 ESTA(여행 허가) 그리고 I94(출입국 기록 서식) 정도로 간단했습니다. 그런데 육로를 통해 국경을 넘는다는 것은 신기했습니다. 저에게 국경이란 바다를 건너는 것이었지 육지를 건너는 것이 아니었기 때문입니다. 머릿속으로는 육지로 국경을 넘을 수 있다는 것을 알고 있었지만, 실제 그 느낌이 어떤 것인가를 전혀 상상도 하지 못했습니다. 게다가 캐나다인은 여권이나 비자 같은 것도 없이 미국을 자유롭게 넘나들 수 있었습니다. 제가 가졌던 국경을 넘는다는 개념이 완전히 무너지는 순간이었습니다. 미국 국경을 넘을 때는 지금까지와 달리 물리적 월경의 충격도 컸습니다. 이것이 너무 컸던지 문화적 충격은 오히려 크게 다가오지 않았습니다. 다만 놀라웠던 것은 도심의 번화가에 노숙자가 적지 않았다는 것입니다. **마약**[10]에 중독된 노숙자도 눈에 띄었습니다.

더 알고 싶은 일본어 한자어

1) **바다 : 海(うみ)**

　　JLPT 4급에 해당합니다. '해산물'은 '海(うみ)の幸(さち)'이고, '여름 방학을 바다에서 보내다'는 '夏休(なつやす)みを海(うみ)で過(す)ごす'입니다.

　　홋카이도에 오타루(小樽)라는 곳이 있습니다. 좀 오래된 영화이기는 하지만 <러브레터>의 배경이 됐던 곳입니다. 이 영화는 일본에서는 1995년에 개봉됐지만 한국에서는 1999년에 상영됐습니다. 이것을 계기로 오타루는 한국인이 자주 찾는 관광 명소가 됐고, 이 영화에 나오는 'お元気(げんき)ですか。' 곧 '잘 지내시나요?'는 명대사가 됐습니다. 오타루는 항구 도시입니다. 오타루의 바다는 파란 바다라기보다는 어두운 색감을 보입니다. 밴쿠버, 특히 밴쿠버의 서쪽은 태평양이 바로 옆에 있습니다. 그런데 밴쿠버섬에 둘러싸여 있기에 파도가 늘 잔잔한 편입니다. 일본의 세토 내해(瀬戸内海)와 유사합니다. 이 내해는 일본의 혼슈(本州) 서부와 규슈(九州) 그리고 시코쿠(四国)로 둘러싸인 내해입니다. '내해'는 일본어로 '内海(うちうみ)'라고 합니다. 반대말은 '외해'로 '外海(そとうみ)'입니다.

2) **교과서 : 教科書(きょうかしょ)**

   JLPT 2급에 들어갑니다. 대표적인 한자어로 '国定教科書 (こくていきょうかしょ, 국정 교과서)'와 '検定教科書(けんていきょうかしょ, 검정 교과서)'가 있습니다.

   첫째 딸은 초등학교 저학년일 때 일본에서 잠시 학교에 다 닌 적이 있었습니다. 가자마자 받은 것은 교과서였습니다. 가 끔 시험도 봤습니다. 당연하다고 생각했습니다. 이처럼 아이 가 일본에서 초등학교에 다닐 때는 신기한 것이 전혀 없었습 니다. 한국 학교와 같았기 때문입니다. 그러나 밴쿠버의 초등 학교는 아주 달랐습니다. 둘째 딸이 밴쿠버에 있는 초등학교 에 다녔습니다. 교과서가 없었습니다. 쪽지 테스트 같은 것은 있었습니다만, 시험 같은 시험은 없었습니다. 선생님은 아이 들에게 점심은 가볍게 먹고 모두 나가서 놀라고 말했습니다. 비가 오나, 바람이 부나, 추우나 더우나, 무조건 운동장으로 아이들을 쫓아내듯 보냈습니다. 나가지 않으면 화를 낼 정도 였습니다. 아이는 밴쿠버의 초등학교를 좋아했습니다. 숙제 가 없어서 좋고, 매일 뛰어놀아서 좋다고 말했습니다. 날마다 아이의 체력이 좋아지는 것을 눈으로 직접 확인할 수 있었습 니다.

3) **밤 : 夜(よる)**

   JLPT 4급입니다. '토요일 밤'은 '土曜(どよう)の夜(よる)' 이고, '어젯밤'은 'きのうの夜(よる)'입니다.

   일본에서 공부할 때 저녁이 되면 학교 교내에서 조깅

(Jogging)을 했습니다. 사람이 적어서 좋았고, 한적해서 좋았습니다. 가끔 조깅하는 사람을 만나면 서로 가볍게 인사도 나눴습니다. 저녁에 하는 조깅은 학위를 마치고 귀국할 때까지 이어졌습니다. 밴쿠버에 갈 때 조깅화를 준비했습니다. 공기가 좋다고 소문이 났기에 저녁 조깅을 즐기고 싶었기 때문이었습니다. 그러나 밴쿠버에 있을 때 저녁에는 단 한 번도 조깅을 할 수 없었습니다. 처음에는 조깅하려고 했지만, 주변에 아무도 조깅하는 사람이 없었습니다. 좀 의아했습니다. '왜 저녁에 조깅하지 않을까?'라고 생각했습니다. 이 궁금증이 풀리는 데는 그리 긴 시간이 걸리지 않았습니다. 어두워지면 조깅은커녕 거리에 나가는 것조차도 쉽지 않았습니다. 치안 때문입니다. 조명도 밝지 않고, CCTV도 거의 없어서 무슨 일이 생기면 대책이 없었습니다. 조깅하는 사람들을 잘 관찰하니 해가 뜬 이후에야 달리기 시작했습니다. 저도 그들을 따라 하는 수밖에 없었습니다.

4) **동해** : 東海(とうかい)

　　일본에서 '東海(とうかい)'라는 말은 '東海道本線(とうかいどうほんせん, 동해도 본선)'과 같이 JR의 철도 노선에 쓰는 정도입니다. 한국에서 볼 때 울릉도와 독도는 '東海(とうかい)'에 있습니다만, 일본에서 볼 때는 '서해'에 있습니다. 보는 관점이 정반대입니다. 이 동해를 일본에서는 '日本海(にほんかい, 일본해)'라고 합니다. 그런데 이 명칭도 적절하지 않습니다. 일본의 관점이 노골적으로 드러나기 때문입니다.

한일 협력은 각자의 관점을 버리고 서로를 포용하는 제3의 관점을 갖는 데서 시작한다고 생각합니다. 작고한 노무현 대통령은 동해와 일본해라는 명칭 대신에 '평화의 바다'를 제안했던 적이 있습니다. 물론 받아들여지지 못했습니다. 저는 이것과 동시에 '대내해(大內海)'라는 명칭도 제안합니다. 동해 혹은 일본해는 한국과 일본 사이에 있는 큰 바다이기 때문입니다.

5) **담배** : 煙草(たばこ)

　담배라는 말은 포르투갈어 'Tabaco'에서 유래하여 일본어 'たばこ'를 거쳐 한국어 '담배'가 됐다고 합니다. JLPT 4급에 들어갑니다.

　일본은 담배에 관대한 면이 있습니다. 비흡연자 앞에서 흡연자가 쉽게 담배를 피우기도 하고, 밀폐된 실내에서도 흡연하기도 하기 때문입니다. 하지만 자신의 담배 재떨이를 휴대하기도 하는 등, 독특한 매너도 동시에 가지고 있습니다. 걸어 다니면서 담배를 피우는 사람도 가끔 볼 수 있습니다. '걸어 다니면서 피우는 담배'를 '步(ある)きたばこ'라고 합니다. 일본에서는 아주 예의 없는 행동으로 받아들여집니다. 밴쿠버에서 담배를 피우는 사람은 거의 보지 못했습니다. 특히 걸어 다니면서 담배를 피우는 사람은 본 적이 없었습니다. 그렇다고 흡연율이 대단히 낮은 것도 아니기에 규제가 있기 때문인지 모릅니다. 그런데 마리화나 같은 것을 당당하게 피는 사람은 종종 봅니다. 냄새가 독특해서 금방 알 수 있습니다.

6) 인사 : 挨拶(あいさつ)

JLPT 3급입니다. '새해 인사'는 '新年(しんねん)の挨拶(あいさつ)'이고, '작별 인사'는 '別(わか)れの挨拶(あいさつ)'입니다.

일본 생활이 아직 익숙하지 않을 때의 일입니다. 같은 기숙사에 살고는 있지만 제대로 인사도 하지 않은 사람이 저를 보면 'おはよう' 혹은 'こんにちは'라고 인사를 했습니다. 한국어로 하면 '안녕(하세요)' 정도입니다. 그렇게 가볍게 인사를 하고는 저를 지나가는 것이었습니다. 처음에 그런 인사를 들었을 때는 '다른 사람에게 인사를 하나?' 하고 주의를 두리번거렸습니다. 그런데 저에게 하는 인사였습니다. 나중에야 알았습니다. 그가 인사하는 의미는 '나는 너의 적이 아니다. 너 알고 있다' 정도였습니다. 깊이 있는 대화를 하자는 뜻이 아니었던 것입니다. 밴쿠버에 도착하여 가족 기숙사에 들어갔습니다. 이곳에는 학부생과 대학원생도 함께 살고 있었습니다. 북미인들은 잘 알지 못하는 사람에게도 'Hello'라고 가볍게 인사한다는 이야기를 들었기에, 그런 인사를 받으면 저도 'Hello'라고 말할 생각이었습니다. 그런데 대략 50% 정도는 저에게 'Hello'라고 인사를 했지만, 나머지 50% 정도는 인사 없이 지나쳤습니다. 저는 저에게 인사를 한 사람에게는 'Hello'라고 대답했습니다. 저에게 인사를 건넸던 사람 중에는 날씨에 대해 말하는 사람도 있었습니다. 그럴 때는 웃으면서 '나도 그렇게 생각해요' 정도로 간단하게 대답해 주었습

니다. '나는 너의 적이 아니다. 너 알고 있다' 정도의 의미에 좀 더 친밀감을 담아서 말했습니다.

7) **술 : 酒(さけ)**

JLPT 2급입니다. '술에 취하다'는 '酒(さけ)に酔(よ)う'이고, '술기운이 돌다'는 '酒(さけ)が回(まわ)る'입니다. 관련 어휘로 '日本酒(にほんしゅ, 일본주)'가 있습니다. 청주(清酒)를 가리킵니다.

일본인은 술에도 관대한 편입니다. 어디에서나 살 수 있고, 축제 때에는 캠퍼스 내에서도 술을 마실 수 있습니다. 술 때문에 일어난 실수에 대해서도 비교적 관용을 베풉니다. 고성방가도 흔합니다. 캐나다에서 술은 아무 곳에서나 판매하지 않습니다. '리쿼 스토어(Liquor Store)'라고 적혀 있는 술을 파는 전문 매장에서만 살 수 있습니다. 또한 공원이나 길거리 등에서 음주는 불법입니다. 따라서 공원이나 길거리 등에서 술 취해서 비틀거리는 사람을 본 적이 없습니다.

8) **만다린 : マンダリン**

만다린은 북방 중국어를 뜻하기도 하지만, 중국 원산의 귤을 의미하기도 합니다. 귤은 일본어로 '蜜柑(みかん, 밀감)'이라고 합니다.

밴쿠버에는 한인 마트로 H마트와 한남마트가 있습니다. 또한 중국 마트인 T&T도 있습니다. 여기서 파는 귤을 만다린이라고 부릅니다. 맛은 제주 감귤과 거의 비슷합니다. 최근에 한국에서도 '만다린(귤)'이라고 표시해 놓고 '만다린'을 팔기도

합니다. 일본에 아타미(熱海)라는 곳이 있습니다. 한국의 대표적인 신파극인 <이수일과 심순애> 곧 『장한몽』은 일본 소설을 번안했던 것입니다. 그런데 일본어 원작 소설인 『금색야차(金色夜叉, こんじきやしゃ)』의 배경이 된 곳이 바로 아타미입니다. 그래서 아타미 해변에는 <이수일과 심순애>의 명장면, 예컨대 남자 주인공이 여자 주인공을 뿌리치는 장면을 연출한 동상이 세워져 있습니다. 아타미는 온난한 시즈오카현에 자리 잡고 있습니다. 이곳에서는 봄에 매화와 벚꽃이 함께 핍니다. 장관입니다. 아름답습니다. 몇 년 전에 가족과 함께 아타미에 갔었습니다. 여기에는 정해진 시간 내에 귤을 마음껏 먹을 수 있는 관광 상품이 있었습니다. 귤나무에서 귤을 직접 따서 바다를 바라보면서 먹었던 기억이 지금도 새롭습니다.

9) **이민자 : 移民者(いみんしゃ)**

1997년에 일본에 처음 갔을 때였습니다. 일본의 농촌과 어촌 총각이 동남아에서 온 여성과 맞선을 보는 TV 프로그램이 있었습니다. TV에서 결혼 이민자를 소개했던 것입니다. 밴쿠버에도 이민자가 많습니다. 그러나 결혼 이민자보다는 유학 와서, 취업 와서, 이민 프로그램 등 다양한 과정을 거쳐서 이민자가 되는 경우가 대부분입니다.

10) **마약 : 麻薬(まやく)**

'마약을 맞다'는 '麻薬(まやく)を打(う)つ'입니다.

일본에서 마약은 금지입니다. 예컨대 대마초도 금지입니다. 2023년부터 밴쿠버가 있는 브리티시컬럼비아주는 헤로

인 등, 제한된 양의 마약 소지를 합법화했습니다. 성인은 헤로인, 펜타닐, 코카인, 메탐페타민, 엑스터시와 같은 마약류를 2.5g까지 소지할 수 있게 됐다고 합니다. 밴쿠버 도심 번화가에 마약 중독자가 많은 이유입니다. 합법화한 이유는 마약 중독자가 음성화되는 것을 방지하여 그들을 관리하겠다는 취지입니다. 일리가 없는 것은 아닙니다. 그러나 저의 시선을 끄는 것은 브리티시컬럼비아주에서 선주민의 마약 중독 사망률이 일반 주민의 6배에 달한다는 사실입니다. '관리'라는 것이 어떤 의미인지 묻고 싶어집니다.

일본어 한자어 체크

国境(こっきょう) 국경, 国境線(こっきょうせん) 국경선, 国境紛争(こっきょうふんそう) 국경 분쟁, 境地(きょうち) 경지, 境(さかい) 경계, 海(うみ) 바다, 海(うみ)の幸(さち) 해산물, 内海(うちうみ) 내해, 外海(そとうみ) 외해, 教科書(きょうかしょ) 교과서, 国定教科書(こくていきょうかしょ) 국정 교과서, 検定教科書(けんていきょうかしょ) 검정 교과서, 夜(よる) 밤, 東海(とうかい) 동해, 東海道本線(とうかいどうほんせん) 동해도 본선, 日本海(にほんかい) 일본해, 煙草(たばこ) 담배, 挨拶(あいさつ) 인사, 酒(さけ) 술, 日本酒(にほんしゅ) 청주(일본술), 蜜柑(みかん) 귤, 移民者(いみんしゃ) 이민자, 麻薬(まやく) 마약

원(園)

일본 정원의 미의식

❋

일본은 정원으로 유명합니다. 김정운은 『일본열광』(프로네시스, 2007년, 41~42쪽)에서 정원은 자연과 소통하려는 본능에서 만들어 졌다고 말합니다. 맞는 말입니다. 하지만 그것만은 아닐 것입니다. 권력과도 밀접한 관련이 있다고 생각합니다. 이것은 일본의 3대 정원인 겐로쿠엔(兼六園), 고라쿠엔(後楽園), 가이라쿠엔(偕楽園)이 모두 당대의 지방 권력자가 조성한 곳이라는 사실에서도 알 수 있습니다. 이들 정원에는 형식미라는 일본의 **미의식**[1])이 담겨 있는데, 이런 일본 정원(Japanese Garden)은 일본의 여러 지방에 남아 있습니다. 일본의 미의식을 나타내는 정원을 볼 때면 정갈하고 잘 정돈된 느낌을 받습니다. 지상현은 『한중일의 미의식 – 미술로 보는 삼국의 문화 지형』 (아트북스, 2015년)에서 "일본인들은 정갈한 기하학적 균제미를 좋아한다."라고 지적합니다. 저는 이 언급이 일본 정원에도 적용된다고 생각합니다. 일본 정원은 아름답습니다. 하지만 상당히 인공적이라는 느낌을 지울 수 없습니다. 왜냐하면 실제 자연에서는 볼 수 없는 풍경이기 때문입니다. 이에 반해 한국의 미의식은 어떨까요? 임마누엘 페스트라이쉬(Emanuel Pastreich, 한국명 이만열)는 『한국인만 몰랐던 더 큰 대한민국』(레드우드, 2017년, 139쪽)에서 한국 미학의 핵심을 꾸밈없는 소박함이라고 지적했습니다. 맞는 말입니다.

그렇다면 일본인은 일본 정원 등에서 왜 기하학적 균제미를 추구하게 됐을까요? 아직 추론의 단계이기는 하지만, **자연**[2]을 통제하고 싶은 욕망이 있었기 때문이라고 생각합니다. 왜 자연을 제어하고 싶었을까요? 일본에는 **태풍**[3]과 지진 그리고 **쓰나미**[4] 같은 예측할 수 없는 **자연재해**[5]가 너무 많이 발생하기 때문입니다. 일본에서는 예로부터 지진(地震), 천둥(雷), 화재(火災) 등이 무섭다는 인식이 있습니다. 지진이나 천둥 같은 것은 일본인이 통제할 수 있는 대상이 아닙니다. 이런 현실을 역으로 방향 전환하여 일본인이 관리 및 감독할 수 있는 자연을 만들어 낸 것, 그 대표적인 것 중의 하나가 바로 일본 **정원**[6]이라고 생각합니다.

〈동산 원(園)〉
의미: 동산, 정원
음독: 【えん】
　　公園(こうえん) 공원, 幼稚園(ようちえん) 유치원, 庭園
　　(ていえん) 정원
훈독: 【その】
　　学(まな)びの園(その) 배움터

밴쿠버에 있는 브리티시컬럼비아대학교에는 니토베 이나조(新渡戶稻造) 기념 정원(Nitobe Memorial Garden)이 있습니다. 일본 정원입니다. 니토베 이나조는 근대 일본의 사상가이자 농업 경제학자, 교육자, 외교가, 정치가였습니다. 제가 유학했던 홋카이도대학교의 전신(前身)인 삿포로 농학교를 졸업했습니다. 그는 서양에 일본을 알리는 데 지대한 공헌을 했던 인물인데, 대표적인 것이 바로 『**무사도**7)(武士道)』입니다. 니토베 이나조는 1899년에 영어로 된 『Bushido: The Soul of Japan』을 미국에서 출간했습니다. 그는 미국을 포함한 서양인들에게 서양에 기독교가 있다면 일본에는 '武士道(ぶしどう)'가 있다고 말하고 싶었던 것입니다. 여기서 그는 일본의 도덕 관념으로 정의, 용기, 인(仁), 측은지심, 명예, 충의, 극기 등을 들고 있습니다. 그런 의미에서 그의 무사도는 '유교적 무사도'(우치다 준조 『일본정신과 무사도: 고차원적 전통 회귀로의 길』 경성대학교출판부, 2012년, 20쪽)라고 부를 수 있겠습니다. 1920년에서 1926년까지 국제 연맹 사무차장을 역임하기도 했습니다. 1933년에 캐나다의 밴프(Banff)에서 태평양 문제 조사회 회의가 열렸는데, 그때 일본 대표단 단장 자격으로 참가했습니다. 회의를 마친 후 밴쿠버섬에 있는 빅토리아에서 출혈성 췌장염으로 갑자기 쓰러졌고, 결국 타국에서 고인이 됐습니다. 그리고 그를 기리는 것이 일본 정원인 '니토베 기념 정원'입니다. 정원 안에는 그의 흉상이 있고, 그의 생가가 재현되어 있습니다. 1960년에 조성됐습니다.

일본 정원의 하나인 '니토베 기념 정원'뿐만이 아니라 북미에는 일본 정원이 적지 않습니다. 캐나다의 밴쿠버에서 출발하여 미국의 시애틀을 거쳐 포틀랜드까지 자동차로 간 적이 있었습니다. 시애틀에도 일본 정원이 있었고, 포틀랜드에도 일본 정원이 있었습니다.

이와 같은 일본 정원을 보면 일본이 자신들의 문화를 해외에 적극적으로 선전 및 홍보하고 있다는 생각을 금할 수 없습니다. 저는 밴쿠버에 와서 일본이 국가 차원에서 혹은 기업 차원에서 일본어와 일본 문화를 북미권에 적극적으로 소개하고 있다는 것을 피부로 느낄 수 있었습니다.

연구년을 보냈던 브리티시컬럼비아대학교에 아시아학과가 있습니다. 북미에서도 손꼽히는 수준과 규모를 자랑하고 있습니다. 그리고 아시아학과에는 '아시아 **도서관**[8](Asian Library)'이 있습니다. 소장하고 있는 장서 등으로 봤을 때 세계적인 수준이었습니다. 그런데 이 아시아 도서관의 지붕은 완전히 일본 건축 그대로였습니다. 나중에 안 사실이지만, 이 건물은 1970년에 일본의 오사카(大阪) 국제 박람회에서 사용했던 '三洋館(さんようかん, 삼양관)'을 그대로 가지고 온 것이었습니다. 또한 이 건물 주위는 못(혹은 연못)으로 둘러싸여 있습니다. 해자(垓字)입니다. 해자는 일본의 성(城)에서 흔히 볼 수 있는 것으로 적의 침입을 막기 위해 성 주위를 둘러서 판 못을 말합니다. '아시아 도서관'에 일본이 얼마나 관심을 기울였나를 엿볼 수 있습니다.

저를 브리티시컬럼비아대학교로 초청해 준 교수는 아시아학과에서 **한국어**[9]를 교육하고 연구하는 로스 킹 교수입니다. 그는 한국에서도 비교적 널리 알려져 있습니다. 그런데 그는 한국 정부와 기업이 한국어 보급을 위해 북미나 서유럽에 경제적 지원을 더 많이 해야 한다고 강조합니다. 동남아시아나 중앙아시아 등에서 한국어를 배우는 것은 그것을 활용하여 경제적 활동을 하려는 데 있지만, 북미나 서유럽인은 교양이나 취미로 배우는 학습자가 많다고 말합니다. 따라서 오히려 북미인이나 서유럽인에게 **장학금**[10] 등을 주어 한국어 학습에 동기 부여를 하는 것이 향후 한국에 긍정적인 영향을 준다는 것이 그의 지론입니다. 귀담아들을 부분이라고 생각합니다.

더 알고 싶은 일본어 한자어

1) **미의식** : 美意識(びいしき)

‘세련된 미의식’은 ‘洗練(せんれん)された美意識(びいしき)’이고, ‘미의식이 결여되다’는 ‘美意識(びいしき)に欠(か)ける’입니다.

일본인의 미의식을 한마디로 정리하기는 어렵지만, 작고 귀여운 것이나 일정한 규칙을 갖는 형식미에 마음이 많이 끌리는 것 같습니다. ‘작고 귀여운 것’이라고 하면 고(故) 이어령 선생이 지적한 ‘축소 지향의 일본인’과 통하는 부분이 있습니다. ‘형식미’는 일본의 다도에서 구체적으로 느낄 수 있습니다. 한국의 다도와 달리 절차와 형식을 대단히 중시합니다. 일본어로 말하면 ‘형(型, かた)’을 소중히 한다는 의미입니다. 캐나다의 미의식은 무엇일까요? 저는 캐나다 국기인 단풍잎기(The Maple Leaf)에서 찾고 싶습니다. <나무위키> 등에 따르면 1834년 몬트리올 성 세례요한 사회(Société Saint-

Jean-Baptiste de Montréal)에서 단풍잎에 대해 "단풍나무는 처음에는 여리고 바람에 꺾여 시들 것처럼 보이고, (중략) 하지만 곧 보라, 그 가지를 하늘로 뻗어나가며, 웅장하고 힘차게, 폭풍우를 무시하며, 이젠 자신의 힘 앞에 무력한 바람에 맞서 승리하는도다. 단풍나무는 우리 숲의 왕이로다. 그것은 캐나다인을 상징한다."라고 말했다고 합니다. 물론 이때의 캐나다인은 지금의 캐나다 연방이 아닌 프랑스계 캐나다인을 가리킨다고 합니다. 그럼에도 위의 인용문에 나오는 강인한 생명력이 지금의 캐나다인에도 느껴집니다. 구체적인 건축이나 사물에 대한 태도에 보이는 미의식은 아닙니다만, 미국 대통령 트럼프의 관세 전쟁에 대한 캐나다의 다부진 태도에서 그들의 미의식을 느낍니다. 예를 들어 온타리오주는 미국에 수출하고 있는 전기를 끊겠다고 선언합니다. 캐나다 전국에서 미국산 불매 운동을 합니다. 예컨대 주류 판매점에서는 진열대에서 미국산 위스키를 빼고 'BUY CANADIAN INSTEAD' 곧 '캐나다산을 구매하세요'라고 합니다. 카페에서는 '아메리카노'를 '캐나디아노'로 부르기도 합니다. 미국 여행을 스스로 자제하기도 합니다(동아일보, 2025년 4월 3일자). 다소 거칠게 느껴질 수는 있지만 강인함이 전달됩니다. 그런 의미에서 저는 캐나다의 미의식으로 '강인한 생명력'을 들고 싶습니다. 한국과 닮은 점이 많다고 생각합니다.

2) **자연 : 自然(しぜん)**

JLPT 2급에 해당합니다. '자연 파괴'는 '自然破壊(しぜん

はかい)'이고, '자연을 사랑하다'는 '自然(しぜん)を愛(あ
い)する'입니다.

　　일본에는 큰 산이 한국보다 많습니다. 자연이 젊기 때문입
니다. 활화산이 많은 것도 그런 이유 때문입니다. 일본은 남
북으로 길게 늘어진 열도이기에 자연 풍경이 비교적 다양합
니다. 캐나다의 산은 거대합니다. 세계에서 두 번째로 큰 국
토를 가지고 있는 국가답습니다. 또한 동쪽과 서쪽, 남쪽과
북쪽으로 다양한 자연을 가지고 있습니다. 우리의 상상력을
초월하는 캐나다의 자연을 접할 때, 그 자연에 때로는 감탄하
고 때로는 숙연해집니다.

3) **태풍 :** 台風(たいふう)

　　JLPT 3급입니다. '태풍의 영향'은 '台風(たいふう)の影響
(えいきょう)'이고, '태풍이 통과하다'는 '台風(たいふう)が通
過(つうか)する'입니다.

　　일본에는 태풍이 자주 상륙합니다. 그 피해도 심합니다. 예
컨대 고레에다 히로카즈(是枝裕和)는 『걷는 듯 천천히』(문
학동네, 2015년 100쪽)에서 자신이 겪은 태풍에 관한 기억에
대해 "우리 집은 낡고 기울어진 두 동짜리 목조 연립 주택이
었던 터라 태풍 때가 되면 온 가족이 난리가 났다. 지붕이 바
람에 날아가지 않도록 밧줄로 묶거나 (중략) 함석판으로 둘
러막기도 했다. (중략) 바람이 거세지면 지붕에서 떨어지는
빗물을 받기 위해 세숫대야가 방 안에 늘어선다."라고 자세
히 묘사하고 있다. 하지만 삿포로가 있는 홋카이도에는 태풍

이 거의 오지 못합니다. 위도가 높기 때문입니다. 밴쿠버를 포함한 캐나다의 자연재해에는 화재, 지진, 강풍, 폭우 등이 있습니다. 특히 거의 매해 여름에는 산불이 자주 발생합니다. 자연환경이 다르기에 자연재해의 양상도 다른 것 같습니다.

4) **쓰나미** : 津波(つなみ)

JLPT 1급에 포함되는 한자어입니다. 한국에서는 '해일' 혹은 '지진 해일'이라는 말을 쓰기도 합니다만, 국제적인 표기는 'Tsunami'입니다. '쓰나미 경보'는 '津波警報(つなみけいほ)'입니다. '쓰나미가 밀어닥치다'는 '津波(つなみ)がおしよせる'입니다.

일본에서 발생한 쓰나미 가운데 가장 널리 알려진 것은 2011년의 동일본 대지진의 여파로 생긴 쓰나미였습니다. 실시간으로 전해진 쓰나미의 피해는 믿기 어려울 정도였습니다. '재난 영화'를 보는 듯했습니다. 밴쿠버도 지진대에 놓여 있습니다. 지진이 발생하면 쓰나미의 영향이 있는지 없는지에 대한 속보가 나옵니다. 그만큼 쓰나미는 무서운 것입니다.

5) **자연재해** : 自然災害(しぜんさいがい)

'自然(しぜん)'은 JLPT 2급에 해당하고, '災害(さいがい)'는 JLPT 1급에 들어갑니다.

자연현상으로 일어난 재해를 말합니다. 지진, 화산 폭발, 태풍, 쓰나미, 호우, 홍수, 이상 저온 및 이상 고온 등이 여기에 들어갑니다. 이런 자연재해에 일본은 많이 노출되어 있습니다. 그만큼 대책도 강구하고는 있지만 완벽할 수는 없는 것

같습니다. 자연재해의 반대말은 '人災(じんさい, 인재)'입니다. 캐나다의 자연재해는 역시 산불과 호우가 대표적입니다. 일본어로 각각 '山火事(やまかじ)', '豪雨(ごうう)'라고 합니다.

6) **정원 : 庭園(ていえん)**

'정원사'는 '庭園師(ていえんし)'이고, '옥상 정원'은 '屋上庭園(おくじょうていえん)'입니다. '일본 정원'은 '日本庭園(にほんていえん)'이고 '서양 정원'은 '洋風庭園(ようふうていえん)'입니다.

일본 정원에는 나무와 연못, 다리와 산 등이 있습니다. 수학적으로 잘 계산된 듯한 배치를 하고 있습니다. 아름답지만 인공적이라고 느끼는 이유입니다. 연구년으로 있었던 브리티시컬럼비아대학교에는 로즈 가든(Rose Garden)이라는 서양 정원이 있습니다. 규모는 그리 크지 않지만 명소입니다. 장미와 푸른 잔디를 기본으로 하고 있으며, 앞에 바다가 보이는 구조입니다. 바다는 서양 정원에 있는 분수(噴水)의 역할을 대신하는 것 같습니다.

7) **무사도 : 武士道(ぶしどう)**

'武士(ぶし, 무사)'는 JLPT 2급에 들어갑니다.

앞에서도 언급했지만, 일본은 근대에 영어를 활용하여 자신들의 문화를 세계에 적극적으로 홍보하고 선전했습니다. 불교 수행법이자 동아시아의 불교 사상인 '선(禅, ぜん)'도 국제적으로는 일본식 한자 발음인 'Zen'을 사용합니다. 일본의 근대 사상가 중에 오카쿠라 덴신(岡倉天心)이 있습니다. 그도 영문으로 된 『The Book of Tea』(『茶の本』) 곧 『차 이야기』를 통해 일본의 정신문화를 소개했습니다.

8) **도서관 : 図書館(としょかん)**

JLPT 4급에 들어가는 기초 한자어입니다. '大学図書館 (だいがくとしょかん, 대학 도서관)', '国会図書館(こっかい としょかん, 국회 도서관)' 등이 대표적입니다.

일본에서 공부할 때 대학의 중앙 도서관에 자주 갔습니다. 자료가 풍부했기 때문입니다. 도서관에는 빨간 카펫(Carpet)이 깔려 있었습니다. 분위기가 좋았습니다. 나중에 안 사실이지만 유학했던 홋카이도대학교는 예전에 '제국 대학(帝国大学)'이었고, 제국 대학의 도서관에는 빨간 카펫을 깔았다고 합니다. 제2차 세계대전에서 패전하기 전에 일본 내에는 지금의 동경대학(東京大学)을 포함하여 총 7개의 제국 대학이 있었습니다. 그리고 식민지 조선에는 경성(京城)제국대학이, 식민지 대만에는 태북(台北)제국대학이 있었습니다. 연구년을 보냈던 대학교에는 아시아 도서관이 있습니다. 빨간 카펫은 없었지만, 한국과 일본 그리고 중국에 관한 도서가 대단히 많았습니다. 동아시아 3국에 관한 도서를 정말 열심히 그리고 광범위하게 모으고 있다는 인상을 받았습니다.

9) **한국어 : 韓国語(かんこくご)**

일본에서 한국어라고 하면 한국에서 쓰는 말을 가리키고, 조선어(朝鮮語, ちょうせんご)라고 하면 북한에서 사용하는

말을 뜻합니다. 물론 두 개를 합쳐서 조선어라고 할 때도 있습니다. 일본에서 공부할 때는 1차 한류 붐이 일어나기 전이었습니다. 그럼에도 외국어 학원과 고등학교 그리고 대학에서 저는 한국어 강사를 했습니다. 지금과 비교하면 적은 수요였지만 없지는 않았던 것입니다. 2024년 9월부터 밴쿠버에서 연구년을 보낼 때, K팝을 포함하여 한국어의 인기가 많아졌다는 이야기를 여기저기서 들었습니다. 다만 이런 추세가 앞으로도 이어지기 위해서는 많은 지원과 관심이 지속적으로 필요하다는 지적도 자주 들었습니다. 그리고 저를 초청해 준 로스 킹 교수는 '이제 한국어는 언어 민족주의에서 벗어나야 한다. 한국어는 한국인만을 위한 언어가 아니라 세계인을 위한 언어가 돼야 한다'라고 늘 강조했습니다.

10) **장학금 : 奬学金(しょうがくきん)**

관련 한자어로 '奬学生(しょうがくせい, 장학생)'과 '奬学制度(しょうがくせいど, 장학 제도) 등이 있습니다. '장학금을 반납하다'는 '奬学金(しょうがくきん)を返納(へんのう)する'입니다. 일본의 장학금에는 졸업 후 자신이 받은 장학금을 되갚아야 하는 장학금이 많습니다. 장학금이지만 부채인 것입니다. 캐나다와 미국도 마찬가지인 것 같습니다. 캐나다에서는 이것을 보통 'Student Loan'이라고 말합니다. 학자금 대출인 것입니다.

公園(こうえん) 공원, 幼稚園(ようちえん) 유치원, 庭園(ていえん) 정원, 学(まな)びの園(その) 배움터, 武士道(ぶしどう) 무사도, 美意識(びいしき) 미의식, 型(かた) 형, 自然(しぜん) 자연, 自然破壊(しぜんはかい) 자연파괴, 台風(たいふう) 태풍, 影響(えいきょう) 영향, 通過(つうか) 통과, 津波(つなみ) 쓰나미, 津波警報(つなみけいほ) 쓰나미 경보, 自然災害(しぜんさいがい)자연재해, 山火事(やまかじ) 산불, 豪雨(ごうう) 호우, 庭園(ていえん) 정원, 庭園師(ていえんし) 정원사, 屋上庭園(おくじょうていえん) 옥상 정원, 日本庭園(にほんていえん) 일본 정원, 洋風庭園(ようふうていえん) 서양 정원, 武士(ぶし) 무사, 禅(ぜん) 선, 図書館(としょかん) 도서관, 大学図書館(だいがくとしょかん) 대학 도서관, 国会図書館(こっかいとしょかん) 국회 도서관, 韓国語(かんこくご) 한국어, 朝鮮語(ちょうせんご) 조선어, 奨学金(しょうがくきん) 장학금, 奨学生(しょうがくせい) 장학생, 奨学制度(しょうがくせいど) 장학 제도, 返納(へんのう) 반납

야(夜)

새벽을 여는 마음

❖

일본에서 유학했을 때 매일 새벽 6시에 일어났습니다. 공부하기 위해서가 아닙니다. 아르바이트 하기 위해서였습니다. 법이 정한 시간 내에서는 유학생도 일을 할 수 있었습니다. 유학생이 주로 하는 일은 **단순노동**[1]이 많았습니다. **식당**[2]에서 서빙(Serving)을 하거나 식기를 닦거나 하는 것이었습니다. 이런 일은 주로 낮이나 밤에 했습니다. 당시 저는 대학원 석사 입학시험이 눈앞에 놓여 있었습니다. 서빙이나 식기 닦는 아르바이트는 적합하지 않았습니다. 친한 한국인 선배 유학생에게 상담했더니 자신도 해 봤다고 하면서 신문 배달을 권해 주었습니다. 새벽에 2시간 정도 신문을 돌린 후 학교에 갈 수 있기에 학업에 방해가 되지 않는다고 했습니다. 사실 대학에 다닐 때 신문 배달 아르바이트를 한 적도 있었기에 그의 조언에 솔깃했습니다. 이렇게 시작한 신문 배달은 약 1년간 지속됐습니다.

새벽에 일어나 세수를 대충 하고 자전거를 타고 **요미우리(読売) 신문**[3] 대리점으로 향했습니다. 저와 비슷한 시각에 일찍부터 하루를 시작하는 친구가 있었습니다. 까마귀였습니다. 까마귀의 울음소리를 뒤로 하고 대리점에 도착하면 '찌라시'라는 광고 전단지를 신문 사이에 넣어야 했습니다. 일본 신문은 한국 신문과 달리 광고 전단지가 무척 많았습니다. 신문 무게의 거의 반 정도는 됐던 것 같았습니다. 신문 배달이 가장 힘든 계절은 겨울이었습니다. 겨울에는 해도 늦게 떠서 아침 7시에도 아직 어두컴컴했습니다. 게다가 눈이라도 내리면 더욱 힘들었습니다. 삿포로는 11월 말부터 3월까지 눈의 세상입니다. 겨울에 자전거로 신문 배달⁴⁾을 하다가 눈에 미끄러져서 몇 번이나 넘어졌는지 모릅니다. 나중에 안 사실이지만 운동복 바지에 구멍이 몇 군데나 생길 정도로 넘어졌습니다.

〈밤 야(夜)〉

의미: 밤

음독:【や】

夜学(やがく) 야학, 深夜(しんや) 심야, 夜半(やはん) 야반, 夜間(やかん) 야간

훈독:【よる】

夜(よる) 밤

아르바이트를 마치고 기숙사로 돌아오면 대략 8시경이었습니다. 아침 식사는 팬케이크(Pancake)와 우유⁵⁾였습니다. 일본에서는 팬케이크를 핫케이크(Hotcake)라고도 했습니다. 일본어로는 'ホットケー

キ(hottoke-ki)'라고 불렀습니다. 홋카이도는 유제품과 **계란**[6] 등이 유명하기에 팬케이크를 맛있게 먹을 수 있었습니다. 꿀도 유명하기에 팬케이크에 꿀을 발라 먹으면 그 맛이 무척 좋았습니다. 아침밥으로 먹기 시작한 팬케이크와 우유는 유학을 마칠 때까지 이어졌습니다.

밴쿠버에서도 새벽 6시에 일어났습니다. 연구하기 위해서가 아닙니다. '선진국' 중에 학교 급식이 없는 나라는 캐나다밖에 없다고 합니다. 학교에 급식이 없기에 **초등학교**[7]와 중학교에 다니는 아이들을 위해 **도시락**[8]을 싸야 했습니다. 처음에는 일본인 아내가 도시락을 담당했습니다. 6시 정도에 일어나 일본인 특유의 정성 어린 예쁜 도시락을 만들어서 아이들에게 건네주었습니다. 그러나 일주일도 되지 못한 어느 날이었습니다. 아내는 "나는 더 못해. 도시락 준비는 **지옥**[9]이다."라고 선언했습니다. 더 이상 도시락을 싸지 못하겠다는 말이었습니다. 그날 이후 제가 쭉 아이들의 도시락을 만들었습니다. 자신이 먹을 도시락도 만든 적이 없었던 제가 아이들의 도시락을 싸기 시작한 것입니다. 시간 절약을 위해 아이들 도시락을 싸면서 저도 제가 먹을 아침을 준비했습니다. 간단하게 **빵**[10]과 우유로 때웠습니다. 아이들 도시락을 준비하면서부터는 식탁에 차분히 앉아서 아침을 먹은 기억이 거의 없습니다. 도시락을 준비하면서 선 채로 먹었습니다. 밴쿠버는 메이플시럽이 유명합니다. 빵에 메이플시럽 그리고 우유만 있으면 아침 식사로 부족하지 않았습니다.

가족 기숙사에서 초등학교까지는 걸어서 약 20분 정도였습니다. 둘째 딸이 초등학교에 다녔습니다. 아이는 걷는 것보다 자전거 타는 것을 좋아했습니다. 딸아이가 자전거로 등교를 시작하면 저는 달리기 시작합니다. 캐나다에서는 초등학생 아이를 혼자서 등교시킬 수 없기 때문입니다. 이런 생활은 연구년을 마치고 귀국하는 그날까지 이어졌습니다.

1) **단순노동 : 単純労働(たんじゅんろうどう)**

'単純(たんじゅん, 단순)'과 '労働(ろうどう, 노동)'는 모두 JLPT 2급에 해당합니다. '단순한 사고방식'은 '単純(たんじゅん)な考(かんが)え方(かた)'입니다. '単純(たんじゅん)'의 반대말은 '複雑(ふくざつ, 복잡)'입니다. '労働(ろうどう)'가 들어가는 한자어로는 '肉体労働(にくたいろうどう, 육체노동)'과 '精神労働(せいしんろうどう, 정신노동)'가 있습니다.

일본에서 공부할 때 주로 한국어 강사를 했습니다만, 이삿짐을 나르는 아르바이트도 한 적이 있었습니다. 당시로서는 비교적 시급이 좋았기 때문입니다. 밴쿠버에는 도로 공사나 주택의 신축 공사 현장이 많았습니다. 여기에는 교통 정리를 담당하는 일을 하는 사람이 있었는데, 대부분은 인도계 이민자처럼 보였습니다. 자동차가 오면 'STOP'이라고 적힌 휴대용 푯말을 보여 주고, 주변의 안전을 확인한 후에는 'SLOW'라는 푯말을 제시하는 일이었습니다. 이런 일을 하는 이민자를 볼 때마다, '이 일은 나도 할 수 있을 것 같은데'라고 생각했습니다. 다만 저는 캐나다에서 일을 할 수 없는 비자였기에 마지막까지 수입을 얻는 일을 하지 않았습니다.

2) **식당** : 食堂(しょくどう)

　‘構内食堂(こうないしょくどう, 구내식당)’, ‘教職員食堂(きょうしょくいんしょくどう, 교직원 식당)’, ‘食堂街(しょくどうがい, 식당가)’ 등이 있습니다.

　일본의 식당에서 물은 서비스로 그냥 받습니다. 식사를 마친 후에도 따로 서비스 비용 곧 ‘팁(Tip)’을 내지 않습니다. 캐나다는 달랐습니다. 어디에 가도 사람의 서비스를 받으면 식사비의 12%~18%에 해당하는 팁을 내야만 했습니다. 게다가 요즘에는 스타벅스 같은 커피 전문점에서도 팁을 요구하기도 합니다. 따라서 캐나다에서는 식사비 또는 음료비에 세금 그리고 팁까지 내야 하는 것입니다. ‘팁 인플레이션’이라는 말이 나올 만합니다. 미국에서도 팁이 사회 문제가 되고 있습니다. 팁은 가게 주인이 부담할 종업원의 급여를 손님에게 떠넘기는 것입니다. 참고 사항입니다만, 팁은 영국에서 유래했다는 설이 있습니다.

3) **요미우리신문** : 読売新聞(よみうりしんぶん)

　‘조간신문’은 ‘朝刊新聞(ちょうかんしんぶん)’이라고 말합니다. 관련 어휘에 ‘新聞購読料(しんぶんこうどくりょう, 신문 구독료)’ 등이 있습니다. ‘신문에 실리다’는 ‘新聞(しんぶん)に載(の)る’라고 합니다.

　일본에는 요미우리신문과 아사히신문(朝日新聞) 등이 주

요 일간지입니다. 전자가 좀 보수적인 신문이라면, 후자는 좀 진보적인 신문입니다. 일본 신문은 조간과 석간 두 번 나옵니다. 조간 분량이 훨씬 많습니다.

4) 배달 : 配達(はいたつ)

대표적인 한자어에는 '郵便配達(ゆうびんはいたつ, 우편배달)'가 있습니다. 일본에서 음식 등을 배달시킬 때는 '배달'이라는 의미로 '出前(でまえ, 출전)'를 씁니다. '요리를 주문하다'는 '出前(でまえ)をとる'라고 말합니다. '배달은 하지 않습니다'는 '出前(でまえ)はしません'입니다. 이 '出前(でまえ)'라는 말 대신에 'デリバリー(deribari-)'를 쓰기도 합니다. 영어 'Delivery'의 일본어 발음입니다.

캐나다에서도 배달 문화는 있습니다. 코로나19로 인한 팬데믹으로 배달 문화가 급성장했다고 합니다. 주로 우버(Uber)를 활용하는 것 같습니다.

5) 우유 : 牛乳(ぎゅうにゅう)

JLPT 2급에 해당합니다. '우유를 마시다'는 '牛乳(ぎゅうにゅう)を飲(の)む'이고, '우유를 데우다'는 '牛乳(ぎゅうにゅう)を温(あたた)める'입니다.

홋카이도는 유제품으로 유명한 곳입니다. 우유와 버터 등이 맛있습니다. 캐나다도 유제품이 맛있는 편입니다. 그런데 캐나다에서 우유를 살 때 선택에 어려움이 많았습니다. 우유에 따라서 지방 함유량이 달랐기 때문입니다. 더 신선한 충격이 있었습니다. 설탕이 들어가지 않은 우유를 찾기가 쉽지 않았다는 것입니다. 거의 모든 우유에 설탕이 함유되어 있었습니다. 또한 비타민 D가 들어가 있는 우유도 적지 않았습니다. 일조량이 적기 때문에 햇빛에서 비타민 D를 섭취하는 데 어려움이 있기 때문입니다. 번거로운 것도 있었습니다. 우유를 사면 우유 가격과는 별도로 '보증금' 곧 'Deposit'이 있었습니다. 저희는 주로 병에 들어 있는 우유를 샀었는데, 살 때 우윳값과 병값을 같이 냅니다. 그리고 우유를 다 마신 후 우유병을 가게에 되돌려 주면, 병값을 되돌려 받는 것입니다. 이때 병값이 '보증금' 곧 'Deposit'에 해당합니다. 캐나다 달러로 2달러 정도 했습니다. 밴쿠버에서 막 생활했을 때는 이 'Deposit' 제도를 알지 못해서 우유병을 그냥 버렸습니다. 이 제도를 둔 이유는 빈 병의 재활용 비율을 높이기 위해서입니다.

6) **계란** : 鶏卵(けいらん)

　'계란' 혹은 달걀로 '鶏卵(けいらん)'을 쓰지도 하지만, '卵(たまご, 란)'라고 간단하게 말할 때가 더 많습니다. '卵(たまご)'는 JLPT 4급에 들어가는 기본 한자어입니다.

　일본에서 달걀을 고를 때는 어렵지 않았습니다. 한국과 크게 다르지 않았기 때문입니다. 하지만 캐나다는 좀 어려웠습니다. 종류가 많았기 때문입니다. 예컨대 방목해서 길렀는지 아닌지, 항생제를 사용했는지 아닌지, 유기농인지 아닌지 등에 따라 가격 차가 많이 났습니다.

7) **초등학교** : 小学校(しょうがっこう)

　일본에서 '초등학교'를 가리킬 때 '初等学校'라는 한자는

쓰지 않고 '小学校(しょうがっこう)'를 사용합니다. 이 한자어는 JLPT 3급에 들어갑니다. 중학교와 고등학교에 해당하는 한자어는 '中学校(ちゅうがっこう)'와 '高等学校(こうとうがっこう)'로 한국과 같습니다.

첫째 아이는 일본의 초등학교에 다닌 적이 있었습니다. 그래서 아이가 다니는 학교에 자주 갔었습니다. 학교 건물, 교정, 교실, 화장실 등 여러 곳을 둘러볼 수 있었습니다. 그때 받은 느낌은 한국과 너무 비슷하다는 것이었습니다. 그것도 지금의 한국 초등학교가 아니라 제가 다녔던 그 옛날의 '국민학교'와 너무 유사했습니다. 이 '국민학교'는 예전에 일본에서 '国民学校(こくみんがっこう)'라고 했었습니다. 그런데 밴쿠버의 초등학교는 일본과 너무 달랐습니다. 학생들이 가지고 다니는 가방도 일본과 같이 획일적인 가방 곧 '란도셀(ランドセル)'을 쓰지 않았습니다. 이 '란도셀'은 한화로 30만 원 이상이나 됩니다(안민정『일본엄마의 힘』황소북스, 2015년, 33~35쪽). 밴쿠버의 초등학교에서는 교과서도 없었고, 숙제도 없었습니다. 더욱 놀라웠던 것은 한 반에 4학년(Grade 4) 아이와 5학년 아이(Grade 5)가 함께 공부하는 교실도 있었습니다. 여기에 그치지 않습니다. 보통 8시 20분경에 1교시를 시작하는데, 수업 시작을 알리는 종소리가 울려도 부모와 함께 천천히 걸어오는 아이들이 대부분이었습니다. 지각한다는 것에 대한 느낌이 뭔가 다른 것 같았습니다. 한국 학부모의 눈으로 보면 '이래도 되나?'라는 의구심이 들 정도였습니다.

8) **도시락** : 弁当(べんとう)

　　JLPT 2급에 들어가는 한자어입니다. '도시락을 지참하다' 는 '弁当(べんとう)を持参(じさん)する'이고, '도시락을 먹 다'는 '弁当(べんとう)を食(た)べる'입니다.

　　일본은 도시락이 아주 발달했습니다. 기차역에서는 '駅弁 (えきべん, 역변)'이라고 하는 형형색색의 다양한 도시락을 판매합니다. 편의점에서도 마찬가지입니다. 박용민은 『맛으 로 본 일본』(헤이북스, 2014년, 90쪽)에서 일본에서 도시락 이 발달한 이유는 한국의 탕 문화와 달리 일본은 마른 음식이 대부분이기 때문이라고 지적했습니다. 맞는 말입니다. 하지 만 그것만은 아니라고 생각합니다. 일본에서는 근대 이전부 터 여러 지방을 순례하는 문화가 있었고, 따라서 찬밥에 대한 거부감도 적었습니다. 순례에 도시락은 필수입니다. 일본에 비해 캐나다에는 도시락 문화가 크게 정착하지 않은 것 같습 니다. 캐나다에는 학교 급식이 없습니다. 따라서 부모가 도시 락을 싸 줘야 하는데 일본과는 매우 다릅니다. 바나나 한 개, 빵 몇 조각이 도시락이 됩니다. 당근 몇 개, 사과 한 개도 도시 락이 됩니다. 일본이나 한국적인 감각에서는 도시락이 아니 라 매우 간단한 간식 같은 느낌입니다.

9) **지옥** : 地獄(じごく)

　　JLPT 1급에 해당하는 고급 한자어입니다. 비유적으로 '試 験地獄(しけんじごく, 시험지옥)', '交通地獄(こうつうじごく, 교통지옥)'라는 말을 쓸 수 있습니다. 이 '地獄(じごく)'의 반대말로 '天国(てんごく, 천국)' 또는 '極楽(ごくらく, 극락)'를 사용할 수 있을 것 같습니다.

일본은 치안이나 문화 측면에서 살기 편안한 곳이라고 생각합니다. 다양한 놀거리도 많은 편입니다. 반면에 캐나다 특히 밴쿠버는 날씨가 좋은 편에 속하지만, 놀거리는 그다지 많지 않은 것 같습니다. '지루한 천국'에 가깝다는 느낌이 들 수도 있습니다.

10) 빵 : 麵麭(パン)

빵을 한자로 '麵麭(면포)'라고 표기할 수 있습니다. 발음은 'パン(pan)'입니다. 하지만 표기로는 'パン'이 일반적입니다. 이 말은 포르투갈어 'Pa~o'에서 왔다고 합니다. '포도빵'는 'ぶどうパン'입니다.

구로다 가쓰히로(黑田勝弘)는 『맛있는 수다: 보글보글 한일음식이야기』(지식여행, 2009년, 29~30쪽)에서 일본에 빵은 19세기 후반에 이미 들어왔지만, 일본인이 일상에서 많이 먹기 시작한 것은 태평양 전쟁 패전 후인 1945년 이후라고 합니다. 특히 빵 문화는 학교 급식을 통해 빠르게 퍼져 나갔다고 말합니다. 한국어 '빵'은 포르투갈어에서, 그리고 다시 일본어를 거쳐 탄생한 것입니다. '식빵'은 일본어로 '食(しょく)パン'입니다. 한성우는 『우리음식의 언어』(어크로스, 2016년, 104쪽)에서 '食(しょく)パン'의 '食(しょく)'를 '밥'으로 해석하여 '食(しょく)パン'을 '밥 빵'이라고 풀이하고 있습니다. '食(식)'이라는 한자에 '밥'이라는 뜻이 있기에 그럴 수도 있

습니다. 하지만 일본어에 '밥 빵'을 의미하는 'ご飯(はん)パ
ン'이라는 말이 따로 있습니다. 여하튼 일본의 빵은 맛있는
편입니다. 편의점에서 파는 빵도 맛있습니다. 일본에서 공부
할 때 빵이 맛있었기에 생활 만족도가 많이 올라갔습니다. 밴
쿠버는 더 놀라웠습니다. 빵의 종류가 상상을 초월했습니다.
어디서 빵을 사더라도 크게 실패하지 않았습니다. 또한 다양
한 케이크를 비교적 저렴한 가격으로 먹을 수 있었던 것도 매
력적이었습니다.

일본어 한자어 체크

夜学(やがく) 야학, 深夜(しんや) 심야, 夜半(やはん) 야반, 夜
間(やかん) 야간, 夜(よる) 밤, 単純労働(たんじゅんろうどう) 단
순노동, 複雑(ふくざつ) 복잡, 肉体労働(にくたいろうどう) 육체
노동, 精神労働(せいしんろうどう) 정신노동, 食堂(しょくどう) 식
당, 構内食堂(こうないしょくどう) 구내식당, 教職員食堂(きょう
しょくいんしょくどう) 교직원식당, 食堂街(しょくどうがい) 식당가,
読売新聞(よみうりしんぶん) 요미우리신문, 朝刊新聞(ちょうか
んしんぶん) 조간신문, 新聞購読料(しんぶんこうどくりょう) 신
문구독료, 配達(はいたつ) 배달, 郵便配達(ゆうびんはいたつ)
우편배달, 出前(でまえ) 배달, 牛乳(ぎゅうにゅう) 우유, 鶏卵(け
いらん) 계란(달걀), 卵(たまご) 계란(달걀), 小学校(しょうがっこ

う) 초등학교, 中学校(ちゅうがっこう) 중학교, 高等学校(こうとうがっこう) 고등학교, 国民学校(こくみんがっこう) 초등학교, 弁当(べんとう) 도시락, 持参(じさん) 지참, 駅弁(えきべん) 역에서 파는 도시락, 地獄(じごく) 지옥, 試験地獄(しけんじごく) 시험지옥, 交通地獄(こうつうじごく) 교통지옥, 天国(てんごく) 천국, 極楽(ごくらく) 극락, 食(しょく)パン 식빵

제3장

미래 한국의 길목에서

叩　難　宿　荷　健

定　人　夏　白　木

体　英　境　園　夜

気　交　移　心

제1절

기(気)

맑은 공기는 기본권

❋

일본에서 학위를 마치고 약 8년 만에 귀국했던 때를 지금도 생생히 기억하고 있습니다. **우여곡절**[1]은 있었지만, 목표했던 학위를 무사히 마쳤기에 무언가를 해냈다는 성취감을 크게 느꼈습니다. 마음속에서 충만감이 넘쳤습니다. 세상을 다 얻은 것 같은 기분이었습니다. 지금부터는 부모 그리고 가족과 함께 생활할 수 있다는 것에 크게 만족했었습니다. 서울에 오자마자 8년간 고생했던 **변비**[2]가 거짓말같이 단번에 없어졌습니다. 자기 자신은 스트레스 없이 공부했다고 생각했었는데 몸은 그러지 않았던 것이었습니다. 그러나 단 하나 일본에서는 느끼지 못했던 불편함이 있었습니다. 바로 서울의 대기의 질, 공기 때문이었습니다.

홋카이도를 포함하여 일본 열도 전체는 공기가 좋은 편입니다. 봄에 황사가 가끔 찾아오기는 하지만 한국과는 비교가 되지 않은 정도로 미미합니다. 흔히 말하는 미세먼지나 초미세먼지도 거의 없다고 볼 수 있습니다. 특히 8년간 공부했던 삿포로는 더욱 그랬습니다. 삿포로가 서울에 비해 규모가 훨씬 작은 도시이고, 운행하는 차량 수도 적기 때문일 수 있습니다. **디젤차**[3]가 월등히 적기 때문일 수도 있습니다. 불편한 마음을 가진 채 서울 생활은 이어졌습니다. 그사이 결혼도 하고 아이도 생겼습니다. 일본인 아내는 **비염**[4]에 시달렸고, 둘째 아이도 비염으로 고생했습니다. 아내는 서울의 공기가 좋지 않기 때문이라고 말했습니다. 설사 그렇다고 해도 어떻게 할 수 있는 일이 아니었기에 병원 신세만 졌습니다.

〈기운 기(気)〉

의미: 기운, 근원

음독: 【き】

空気(くうき) 공기, 気力(きりょく) 기력, 雰囲気(ふんいき) 분위기

【け】

火(ひ)の気(け) 불기운, 塩気(しおけ) 소금기

연구년으로 캐나다의 밴쿠버로 가게 됐습니다. 8월 초에 도착했습니다. **공항**[5] 안쪽에서 공항 바깥으로 나갔습니다. 밴쿠버의 공기를 처음으로 마셨습니다. 상쾌했습니다. 연구년을 떠나기 전에 미국 서부의 시애틀에서 연구년을 보낸 적이 있는 **절친인 친구**[6]에게 뭐가 좋았냐고 물어본 적이 있었습니다. '공기가 좋아. 비염이 있던 아이가 비염이 없어졌어.'라는 말이 맨 처음 나왔습니다. 충분히 이해됐습니

다. '밴쿠버와 같은 느낌이구나.'라고 생각했습니다.

밴쿠버로 올 때 둘째 아이의 비염약도 가지고 왔습니다. 비염약을 쓰지 않는 날이 오기를 기대했습니다. 그런데 놀라운 일이 벌어졌습니다. 밴쿠버로 온 이후 둘째 아이의 비염이 감쪽같이 없어졌습니다. 서울에 있을 때는 하루의 시작이 대기의 질을 측정하는 앱을 켜는 것이었습니다. '아주 좋음'이면 마음도 가벼웠지만, '최악'이면 절망감마저 느꼈습니다. 밴쿠버에서는 공기가 좋으니 일일이 대기의 질을 측정할 필요가 없었습니다. 편했습니다. 삶의 **만족도**[7]가 하늘 높은 줄 모르게 올라갔습니다. 공기의 질로 삶의 만족도가 이렇게까지 향상될 수 있다는 것에 놀랐습니다. 밴쿠버도 공기가 나빠질 때가 있다고 합니다. 직접 경험하지는 못했지만 **산불**[8]이 발생하면 공기가 대단히 나빠진다고 합니다. 이럴 때는 마스크를 착용한다고 합니다.

밴쿠버에서 마스크를 착용할 때는 감기나 **독감**[9]에 걸려서 기침이 심할 때입니다. 다른 사람에게 바이러스를 옮기고 싶지 않기에 감기에 걸린 사람이나 독감 환자는 스스로 마스크를 씁니다. 그렇지 않은 사람은 마스크를 할 필요가 없습니다. 어떤 의미에서는 대단히 합리적이라고 볼 수 있습니다. 다만 코로나19처럼 자신이 걸렸는데 알지 못하고 마스크를 하지 않았을 때는 문제가 좀 달라집니다. 코로나19 때 북미에서 타격이 컸던 것도 이와 같은 이유입니다.

연구년이 끝나갈 무렵부터 걱정이 하나 생겼습니다. 바로 서울의 공기 때문이었습니다. 사정이 있어 저만 먼저 귀국하고 가족은 몇 개월 후에 돌아오기로 했습니다. 귀국한 날부터 저는 다시 대기의 질 상태를 알려 주는 앱을 매일 확인하고 있습니다. **초봄**[10]이라서 그런지 좋은 날이 며칠 없었습니다. 매일 마스크를 가지고 다니면서 착용과 벗기를 반복하고 있습니다.

밴쿠버에 가기 전과 돌아온 이후, 저에게는 많은 변화가 생겼습니다. 공기에 관한 생각도 여기에 들어갑니다. 최재천도 그의 유튜브인 <최재천의 아마존>에서 이미 언급했지만, 서울 공기가 좋지 않은 것은 서울이 평지가 아니라 분지이기 때문이기도 합니다. 대기가 잘 순환해야 공기가 좋을 텐데 분지라서 그것이 잘되지 않기 때문입니다. 또한 배기가스를 배출하는 자동차도 많고, 게다가 디젤자동차도 적지 않기 때문입니다. 하지만 그 무엇보다 중요한 것은 '좋은 공기를 마시는 것'은 '인권'이며 '국민의 기본권'이라는 인식이 없다는 것입니다. 이런 인식을 하고 있을 때 서울의 공기에 대한 정부 대책과 국민의 대응도 달라질 것이라고 기대합니다. 이제는 기본권을 찾아야 할 때입니다.

더 알고 싶은 일본어 한자어

1) **우여곡절** : 紆余曲折(うよきょくせつ)

'우여곡절을 겪다'는 '紆余曲折(うよきょくせつ)をへる'입니다.

한일 관계는 '우여곡절', 표현을 바꾸면 롤러코스터를 타고 있다는 느낌을 받을 때가 적지 않습니다. 하지만 일본은 한국의 인접 국가이기도 하고, 오랜 역사를 함께 해 온 동아시아의 한 나라이기도 합니다. 원래 지리적으로 가까운 나라는 역사적으로 여러 가지가 얽혀 있기 때문에 상호 간에 불편한 감정을 갖기 쉽습니다. 하지만 긴 안목으로 보면 변증법적으로 발전해 갈 것이라고 기대합니다. 미국에 트럼프 정부가 들어선 이후 캐나다와 미국 관계도 우여곡절이 있을 것 같습니다. 하지만 두 나라는 지리적으로나 경제적으로 밀접한 관계에 있기에 불편한 관계를 지속하기는 어려워 보입니다.

2) **변비 : 便秘(べんぴ)**

'변비로 고생하다'는 '便秘(べんぴ)になやむ'입니다.

일본에서 공부할 때 변비로 무척 고생했었습니다. 생각해 보니 스트레스였습니다. 이것 때문에 일본에서 약국 신세를 좀 졌습니다. 그런데 약국은 약만 파는 곳이 아니었습니다. 한국의 올리브영 같은 느낌을 줍니다. 처음에는 무척 낯설었습니다. 약국에 전문성이 없어 보였기 때문입니다. 밴쿠버에서 약국을 자주 다녔습니다. 아이들이 어리기에 멀미약이나 감기약 등을 사야 했기 때문입니다. 대학 근처에 있는 약국이라서 그런지 고맙게도 밤늦게까지 영업했습니다. 그런데 약국 내부의 느낌이 일본 약국과 유사했습니다. 일본이 북미의 약국을 많이 참조했다는 생각이 들었습니다.

3) **디젤차 : ディーゼル車(しゃ)**

'ディーゼル車(di-zerusya)'는 디젤 연료를 사용하는 자동차입니다. 그런데 일본에서는 디젤 연료를 사용하는 승용차를 그다지 본 적이 없습니다. 대부분이 휘발유, 곧 가솔린

(Gasoline)을 쓰는 자동차입니다. 디젤 연료를 '軽油(けい ゆ, 경유)'라고 합니다. 가솔린 연료보다 좀 저렴합니다. 밴쿠 버에서도 디젤 연료를 쓰는 승용차를 본 적이 없었던 것 같습 니다. 흥미로운 것은 디젤 연료비가 가솔린보다 비싸다는 것 입니다. 이것만이 아니었습니다. 캐나다는 산유국으로 석유 를 미국 등지에 수출합니다. 그런데도 가솔린 가격이 한국과 거의 같거나 비쌀 때도 있었습니다. 그만큼 세금이 많다는 의 미입니다. 예컨대 밴쿠버에는 가솔린 가격에 탄소세도 들어 있어서 다른 주(州)보다 가솔린이 비쌉니다. 2025년 3월에 캐나다의 새로운 총리가 된 마크 카니(Mark Carney)는 탄소 세를 폐지했습니다. 가솔린 가격도 내려갔습니다.

4) **비염 : 鼻炎(びえん)**

관련 어휘로 '알레르기성 비염(アレルギー性鼻炎)'이 있 습니다. 일본어로 'アレルギーせいびえん'이라고 읽습니다. 'アレルギー'의 일본어 발음은 'arerugi-'입니다.

일본에서 공부했을 때 일본의 의료 보험 혜택을 많이 봤습 니다. 일본의 '국민'도 아닌데 말입니다. 고맙게도 유학생에 게 저렴한 비용으로 국민 건강 보험 혜택을 준 것입니다. 잘 알려져 있듯이 캐나다는 의료 보험이 무료입니다. 하지만 약 국에서 파는 약은 의료 보험 적용을 받지 못합니다. 캐나다의 의료 보험에는 큰 맹점이 있습니다. 긴급한 상황이 아니라면 병원에 가도 의료 혜택을 받을 수 없다는 것입니다. 의사는 부족하고 이민자가 급증한 결과인 것 같습니다. 또한 치과는 의료 보험이 적용되지 않습니다. 다만 개인이 치과 보험에 가입하는 경우는 예외입니다. 밴쿠버에 있었을 때입니다. 예전에 씌웠던 크라운이 떨어져서 아내가 치과에 가서 크라운을 다시 붙였습니다. 약 300달러가 들었습니다. 한화도 약 30만 원입니다. 둘째 아이가 이가 흔들려서 치과에 갔었습니다. 파노라마 사진을 찍고 약 170달러를 냈습니다. 한화로 약 17만 원입니다. 그런데 흔들리는 치아는 뽑지 않았습니다. 자연스럽게 빠질 때까지 기다리라는 말만 들었습니다. 치과 보험이 적용되지 않기에 치과에 가는 것은 환자에게 부담을 많이 줍니다. 아내와 아이들이 번갈아서 감기에 걸린 적도 있었습니다. 병원에 가고 싶어도 가지 못했습니다. 순번이 밀릴 것이 뻔했기 때문입니다. 진료를 받아도 자연스럽게 나을 때까지 기다리라는 말만 들을 것이기 때문입니다. 한국에서 가져갔던 약으로 며칠을 버티다가 나았던 기억이 있습니다. 알고 지내던 사람 중에는 감기로 약 3개월 정도를 고생한 사람도 있었습니다. 우스갯소리가 있습니다. 캐나다에서는 병원에 가서 의사를 기다리다가 죽는데, 미국에서는 신용 카드를 많이 사용하면, 곧 돈을 많이 내면 치료를 빨리 받는다는 말입니다.

5) **공항** : 空港(くうこう)

'국제공항'은 '国際空港(こくさいくうこう)'이고, '국내 공항'은 '国内空港(こくないくうこう)'입니다.

일본에서 공부했을 때 삿포로에 있는 신치토세(新千歳)

공항을 가끔 이용했습니다. 크지는 않지만 깔끔했습니다. 다만 홋카이도 혹은 삿포로만의 어떤 독특한 느낌을 그다지 받지 못했습니다. 일본 내의 다른 중소 도시의 공항과 크게 다르지 않았습니다. 밴쿠버 공항은 달랐습니다. 선주민, 곧 캐나다 인디언의 전통을 보여주는 작품을 여기저기서 볼 수 있었습니다. 이를테면 나무로 된 토템폴(Totem Pole) 곧 주술용 기둥 같은 것입니다. 한국의 장승 같은 느낌입니다. 여기에는 선주민과 천둥새(Thunderbird) 그리고 곰 등이 새겨져 있습니다. 선주민에 대한 존중과 그들을 이해하려는 노력을 엿볼 수 있었습니다.

6) **절친인 친구 : 親友(しんゆう)**

JLPT 2급에 해당합니다. '절친이 되다'는 '親友(しんゆう)となる'입니다. 그냥 친구는 '友(とも)だち'이고, 아는 사이는 '知(し)り合(あ)い'입니다.

일본인은 친구가 되기 어렵다는 말이 있습니다. 좀 아는 사이이거나 약간 친한 친구는 만들 수 있지만, 절친이라고 부를 만한 친구를 만드는 것은 쉽지 않은 것 같습니다. 성인이 되어 만났다는 것, 서로 외국인이라는 것 등이 복합적으로 작용하기 때문인 것 같습니다. 밴쿠버에 있을 때 좀 아는 사이나 좀 가깝게 지냈던 캐나다 사람은 있었지만, 절친은 없었습니다. 저의 영어 능력 때문이기도 하고, 학생처럼 같은 공간에서 오랜 시간을 같이 보내지 못했기 때문이라고 생각합니다.

7) **만족도** : 満足度(まんぞくど)

'満足(まんぞく, 만족)'은 JLPT 2급에 들어갑니다. '이대로 만족스럽다'는 'このままで満足(まんぞく)だ'라고 말하면 됩니다.

삿포로에서 공부할 때 만족스러웠던 것은 여러 가지가 있었습니다. 자연이 너무 좋았고, 공부 환경도 쾌적했습니다. 같이 공부하는 친구들은 학업에 대한 열정도 대단했습니다. 음식도 맛있었습니다. 밴쿠버의 연구년 생활은 물가가 비싸다는 것과 병원에 가기 어렵다는 것만 제외하면 매우 만족스러웠습니다. 제가 살았던 가족 기숙사 앞에는 샌드위치와 커피를 파는 'Great Dane Coffee'라는 카페가 있습니다. 여기서 파는 샌드위치는 상상을 초월했습니다. 한화로 약 9,000원 정도 했는데 가성비가 최고였습니다. 이 가게 덕분에 밴쿠버 생활의 만족도가 더 올라갔습니다.

8) **산불** : 山火事(やまかじ)

'山(やま, 산)'는 JLPT 4급이고, '火事(かじ, 화재)'는 JLPT 3급입니다.

일본은 목재 건축이 많기에 화재에 취약합니다. 그래서 불조심에 특히 신경을 많이 씁니다. 불조심을 일본어로는 '火(ひ)の用心(ようじん)'이라고 합니다. 캐나다도 목조 주택이 많아서 상황은 일본과 비슷합니다. 캐나다는 여름에 대형 산불이 자주 발생한다는 것이 큰 특징입니다. 미국의 서부 지역도 같다고 볼 수 있습니다. 미국은 잘 모르겠습니다만, 캐나

다에서는 산불이 발생하면 즉시 진화하는 것이 아니라 일정
정도는 타도록 그냥 둡니다. 산불을 자연현상의 일부라고 인
식하기 때문입니다.

9) **독감** : インフルエンザ

'インフルエンザ'의 일본어 발음은 'inpuruenza'입니다.
독감을 일본어로 '流行性感冒(りゅうこうせいかんぼう, 유행
성 감모)' 혹은 줄여서 '流感(りゅうかん, 유감)'이라고 할 수
있습니다만, 일반적으로는 'インフルエンザ'라고 합니다. 영
어 'Influenza'에서 온 말입니다. 줄여서 'インフル(inpuru)'
라고도 합니다. 영어로는 보통 'Flu'라고 합니다.

일본에서 공부할 때 독감 예방 접종을 하지 않았습니다. 젊
었었고, 독신이었기 때문입니다. 캐나다에서 연구년을 보낼
때는 독감 예방 접종을 했습니다. 아이들이 아직 어렸기 때
문입니다. 그런데 예방 접종을 할 수 있는 곳이 남달랐습니
다. 약국입니다. 약국에 가서 무료로 예방 접종을 했습니다.
처음으로 캐나다의 의료보험 혜택을 입었습니다. 병원과 의
사가 적기 때문에 약국에서 독감 예방 접종을 해 주는 것 같
았습니다.

10) **초봄** : 初春(しょしゅん)

초봄은 '初春(しょしゅん, 초춘)'이라고도 발음하지만, '初
春(はつはる)'라고도 합니다.

삿포로는 봄이 늦게 찾아옵니다. 위도가 높기 때문입니다.
벚꽃이 피어도 동경의 우에노(上野) 공원에 핀 벚꽃처럼 예

쁘지도 않습니다. 밴쿠버의 벚꽃은 유명합니다. 특히 스탠리 파크(Stanley Park)가 그렇습니다. 이 공원 근처에는 유료로 자전거를 대여해 주는 곳이 있습니다. 봄에 자전거로 공원을 둘러보는 것은 또 다른 묘미가 있습니다.

일본어 한자어 체크

空気(くうき) 공기, 気力(きりよく) 기력, 雰囲気(ふんいき) 분위기, 火(ひ)の気(け) 불기운, 塩気(しおけ) 소금기, 紆余曲折(うよきょくせつ) 우여곡절, 便秘(べんぴ) 변비, ディーゼル車(しゃ) 디젤차, 軽油(けいゆ) 경유, 鼻炎(びえん) 비염, アレルギー性鼻炎(せいびえん) 알레르기성 비염, 空港(くうこう) 공항, 国際空港(こくさいくうこう) 국제공항, 国内空港(こくないくうこう) 국내공항, 親友(しんゆう) 절친인 친구, 友(とも)だち 친구, 満足度(まんぞくど) 만족도, 山火事(やまかじ) 산불, 火(ひ)の用心(ようじん) 불조심, 流行性感冒(りゅうこうせいかんぼう) 독감, 初春(しょしゅん) 초봄

교(交)

스마트 사회

❖

일본에서 유학했을 때 교통수단은 자전거, 도보, 지하철, 버스 순이었습니다. 가까운 거리는 자전거나 걸어서 다녔습니다. 좀 먼 거리는 지하철을 탔고, 지하철이 다니지 않는 곳은 버스를 타고 이동했습니다.

버스가 참 흥미로웠습니다. 첫째, 버스가 도착하는 시간표가 버스정류장에 적혀 있었습니다. 지도 교수는 버스 시간표가 나와 있는 책자도 가지고 있을 정도였습니다. 그 책자를 저에게 보여 주면서 "일본은 버스 시간표대로 버스가 제때 온다."라고 강조하기도 했습니다. 하지만 반드시 그런 것도 아니었습니다. 특히 겨울에는 시간을 지키지 못하는 것이 비일비재했습니다. 둘째, 버스 요금을 **현금**[1]으로 냈습니다. 지금은 버스를 포함하여 여기저기서 카드를 쓸 수 있게 됐지만, 일본은 지금도 여전히 현금 **사회**[2]입니다. 셋째, 버스 기사는 승객을 태울 때 급하지 않았습니다. 아마도 배차 시간에 여유가 있는 것 같았습니다. 넷째, 버스 기사는 노래를 틀지 않았습니다. 다섯째, 버스 안에서는 **휴대폰**[3)]으로 음성 통화를 하지 않았기에 차 내는 대단히 조용했습니다. 여섯째, 정차할 곳을 버스 기사가 직접 음성으로 알려줄 때가 많았습니다. 일곱째, 노인에게 자리를 양보하지 않는 경향이 있었습니다.

〈사귈 교(交)〉

의미: 사귀다, 엇갈리다, 바꾸다

음독: 【こう】

交歡(こうかん) 교환, 交際(こうさい) 교제, 外交(がいこう) 외교, 交代(こうたい) 교체

훈독: 【かわす】 타동사

話(はなし)を交(か)わす 이야기를 주고받다

【まじえる】 타동사

子供(こども)も交(まじ)える 아이도 포함시키다, 私情(しじょう)を交(まじ)える 개인감정을 넣다

【まじわる】 자동사

道(みち)が交(まじ)わる 길이 교차하다

밴쿠버에서 연구년을 보낼 때는 교통수단이 자동차, 도보, 지하철, 버스 순서였습니다. 밴쿠버에서는 자동차가 없으면 거의 생활할 수 없습니다. 장을 보러 갈 때는 좀 거리가 있는 **대형**[4)] 매장에 가서 4인 가족이 일주일 정도 필요한 음식품과 생필품을 샀습니다. 멀었지만 가

장 저렴했기 때문입니다. 코스트코, 월마트, T&T 등을 자주 갔습니다. 코스트코는 달걀과 육류 그리고 생선류가 좋았고, 월마트는 생필품이 저렴했고, T&T는 아시아의 식재료가 좋았습니다.

도보는 주로 산책할 때입니다. 가족 기숙사에서 해안까지는 걸어서 5분 정도 걸렸습니다. 해안가를 따라서 **산책로**5)(Trail)가 있었습니다. 이곳을 걸으면서 마음의 평정을 얻곤 했습니다. 또한 초등학교에 다니는 둘째 아이를 등교시킬 때는 도보와 달리기를 병행했습니다. 자전거를 타고 **등교**6)하는 아이와 거리가 벌어지면 걷다가 곧바로 달렸습니다. 걷기와 달리기의 무한 반복이었습니다.

지하철과 버스는 밴쿠버의 도심 번화가를 갈 때 주로 이용했습니다. 특히 버스에 대해서는 언급할 부분이 적지 않습니다. 첫째, 밴쿠버의 버스는 경전철과 같이 지붕에 전깃줄이 달려 있었습니다. 전기 버스이기는 하지만 참 독특했습니다. 둘째, 내릴 때 'STOP' 벨을 누르는 것이 아니라 의자 뒤에 축 늘어져 있는 노란 줄을 당겨야 했습니다. **이국적**7)이었습니다. 셋째, 큰 버스 정류장에는 버스 시간표가 적혀 있었습니다. 하지만 앱을 통해서도 버스 도착시간을 알 수 있었습니다. 넷째, 현금을 받기도 하지만 교통카드나 신용 카드가 일반적이었습니다. 다섯째, 밴쿠버에서 초등학생은 무료로 버스를 탈 수 있었습니다. 여섯째, 버스 기사는 천천히 운행했고, 가능한 한 승객을 태워 주려고 했습니다. 일곱째, 버스 운전사는 **인도계**8)로 보이는 이민자가 대부분이었습니다. 여덟째, 버스 기사는 노래를 틀지 않았습니다. 아홉째, 휴대 전화로 문자 메시지를 보내는 승객은 많았지만, 음성 통화를 하는 모습은 별로 보지 못했습니다. 열째, 정차할 곳은 기계음을 통해 영어로 알려 주었습니다. 열하나째, 노인에게 자리를 잘 양보해 주었습니다. 캐나다가 유교 사회이기 때문이 아닙니다. 사회적 약자에 대한 배려가 몸에 배어 있기 때문입니다. 열둘째, 버스에서 내릴 때 거의 모든 승객이 버스 운전사에게 고마움의 표시로 "Thank You!"라는 인사를 하고 내렸습니다. 아름다운 모습이었습니다.

밴쿠버에서 귀국한 이후 버스를 타고 연구실과 집을 오가고 있습니다. 한국 버스를 한마디로 정리하면 '다소 거칠 때가 가끔 있지만, 인간미가 있는 스마트한 버스'라고 생각합니다. 첫째, 급발차 및 급정차가 종종 있다는 것은 다소 거친 부분입니다. 하지만 대단히 많이 개선됐다는 느낌을 받습니다. 둘째, 저상버스는 휠체어를 타고도 탑승할 수 있습니다. 시민의 이동권이 잘 지켜지고 있다는 생각이 듭니다. 셋째, 버스나 마을버스를 타면 버스 안에서 **노래**[9]가 흘러나올 때가 있습니다. 시끄러운 정도가 아니기에 오히려 정감이 갑니다. **인간미**[10]가 느껴집니다. 간혹 휴대 전화를 사용하여 큰 소리로 이야기하는 승객이 있다는 것은 아쉽습니다. 이것은 탑승자의 문제입니다. 넷째, 버스 정류장에서 실시간으로 도착할 버스 정보를 음성과 화면으로 알 수 있습니다. 다섯째, 현금 대신 카드만 사용합니다. 여섯째, 버스와 버스 간, 버스와 지하철 간 환승을 자유롭게 할 수 있습니다. 일곱째, 다음에 내릴 정류장 안내를 한국어와 영어로 알려 줍니다. 여덟째, 거의 모든 버스와 버스 정류장에서는 공공 무료 와이파이를 사용할 수 있습니다.

한국 사회가 스마트 사회를 향해 가고 있다는 것은 버스 시스템에서 잘 드러납니다. 그리고 그 지향은 바람직한 방향이라고 생각합니다.

1) **현금** : 現金(げんきん)

'キャッシュ(kyasyu)'라고도 합니다. 'キャッシュ'는 영어 'Cash'의 일본어 발음입니다. '현금 거래'는 '現金取引(げんきんとりひき)'이고, '현금 매매'는 '現金売買(げんきんばいばい)'입니다.

앞에서도 언급했듯이 지금은 아주 좋아졌다고는 하지만, 일본은 여전히 현금을 중시하는 사회입니다. 일본은 주화의 종류가 많습니다. 1엔, 5엔, 10엔, 50엔, 100엔, 500엔이 있습니다. 일본 유학 시절의 이야기입니다. 물건을 사면 현금을 내야 하는데 계산이 잘되지 않았습니다. 내야 할 금액이 4,373엔이면 5,000엔을 냈습니다. 7,894엔이면 10,000엔을 냈습니다. 이런 식으로 몇 개월을 하다 보니 잔돈이 엄청나게 쌓이게 됐습니다. 불편했습니다. 일본인이 동전 지갑을 가지고 다니는 것은 주화의 단위가 많기 때문입니다. 캐나다에 갈 때 캐나다가 일본과 같다면 어쩌나 하고 걱정을 많이 했습니다. 캐나다의 주화도 5센트, 10센트, 25센트, 1달러, 2달러로 일본처럼 다양했기 때문입니다. 그러나 염려는 기우였습니다. 직불 카드(Debit Card)나 신용 카드만 있으면 모든 것이 해결됐습니다. 너무 편했습니다. 특히 한국에서 만들어간 트래블 체크 카드는 대단히 유용했습니다. 환전할 때도 간편했고, 환율도 좋았습니다. 캐나다에서 버스나 지하철을 탈 때도 사용할 수 있었습니다. 캐나다에서 현금을 사용할 때는 가족 기숙사에 있는 세탁기나 건조기를 이용할 때뿐이었습니다.

2) **사회 : 社会(しゃかい)**

　　JLPT 3급에 해당합니다. '원시 사회'는 '原始社会(げんし
しゃかい)'이고, '문명 사회'는 '文明社会(ぶんめいしゃか
い)'입니다. '복지 사회'는 '福祉社会(ふくししゃかい)'이고,
'지역 사회'는 '地域社会(ちいきしゃかい)'입니다.

　　일본은 사실 단일 민족이 아닙니다. 홋카이도에는 아이누
(アイヌ) 민족이 있고, 재일 교포도 60만에서 100만 정도나 됩
니다. 또한 가고시마(鹿児島)현에는 하야토(隼人)라는 민족
이 있었습니다. 오키나와현에는 류큐(琉球) 민족이 있습니
다. 일본이 단일 민족이라는 것은 이데올로기에 불과합니다.
하지만 모기 겐이치로(茂木健一郎)도 『이키가이: 일본인들
의 이기는 삶의 철학』(밝은세상, 2018년, 176쪽)에서 이미
지적했듯이, 일본인에게는 단일 민족이라는 신화가 지배적
입니다. 캐나다는 다민족 사회이자 이민 사회입니다. 공용어
도 영어와 프랑스어입니다. 게다가 밴쿠버에서는 이민자들
이 자신의 모국어와 영어를 함께 사용합니다.

3) **휴대폰 : 携帯電話(けいたいでんわ)**

　　'携帯(けいたい, 휴대)'는 JLPT 1급에 들어가는 고급 한
자어입니다. '電話(でんわ, 전화)'는 JLPT 4급에 해당하는
기본 어휘입니다.

　　일본에서 공부할 때 휴대 전화를 처음 샀습니다. 집에 있던
집 전화기를 거의 쓰지 않기 때문입니다. 주변에 있는 일본

인 중에는 "나는 휴대 전화를 절대로 사지 않겠다."라고 선언하는 사람도 있었습니다. 지도 교수도 여기에 포함됩니다. 하지만 지도 교수는 은퇴한 후부터 휴대폰을 쓰고 있습니다. 첫째 아이가 일본의 초등학교에 다닌 적이 있었습니다. 초등학교 저학년 때입니다. 아이는 한국에서 쓰던 휴대폰을 일본에 가져갔었습니다. 아이에게 "반 친구들은 휴대폰을 가지고 있니?"라고 물었습니다. "거의 없어요."라는 답변이 돌아왔습니다. 밴쿠버에서는 둘째 아이가 초등학교 4학년으로 전학을 갔습니다. 둘째에게 "반 친구들은 휴대폰을 가지고 있니?"라고 물었습니다. "절반 정도가 가지고 있어요."라는 답변이 돌아왔습니다. 등하교 시간에 살펴보니 역시 휴대폰을 가지고 다니는 아이가 적지 않았습니다. 휴대폰에 대한 인식과 풍경이 일본과 캐나다에서는 달랐습니다.

4) **대형 : 大型(おおがた)**

'대형 트럭'은 '大型(おおがた)トラック'입니다. 'トラック'의 일본어 발음은 'torraku'입니다. '대형 버스'는 '大型(おおがた)バス'입니다. 'バス'를 일본어로 'basu'라고 읽습니다. '大型'의 반대말은 '小型(こがた, 소형)'입니다.

1997년에 일본에 갔을 때 놀랐던 것은 일본에는 대형 슈퍼가 많았다는 것입니다. 이를테면 한국의 이마트(1993년 개점), 홈플러스(1997년 개점) 같은 대형 점포입니다. 아이가 카트 안에 있는 모습도 흥미로웠습니다. 당시 저는 이와 같은 대형 마트를 경험해 본 적이 없었기 때문입니다. 미국 영화에서나 봤던 풍경이었습니다. 캐나다에는 코스트코나 월마트 같은 창고형 대형 매장이 많이 있습니다. 비교적 저렴했기 때문에 자주 이용했습니다. 가장 마음에 들었던 것은 거기서 파는 피자였습니다. 저와 아내가 함께 피자와 음료수를 시켜도 약 7달러 정도였습니다. 한화로 약 7,000원입니다. 피자는 파티 혹은 주말에나 먹는 음식인 줄 알았는데 캐나다에서 피자는 간단히 먹는 점심 식사도 됐습니다.

5) **산책로** : 散策路(さんさくろ)

'散策(さんさく, 산책)'라는 말 대신에 '散歩(さんぽ, 산보)'를 쓰기도 합니다.

일본에서 공부했던 대학에는 캠퍼스 내에 넓은 농장이 있었습니다. 해바라기 농장이었습니다. 가끔 거기서 산책했습니다. 농장에 가면 습관적으로 서쪽을 자주 바라봤습니다. 산이 있었지만, 그 너머가 한국 쪽이었기 때문입니다. 향수를 달래기에 좋은 장소였습니다. 밴쿠버에는 여러 가지 '散策路(さんさくろ, 산책로)'가 있습니다. 둘레길 같은 것으로 여기서는 '트레일(Trail)'이라고 합니다. 걸어서 다니는 곳도 있고, 자전거를 탈 수 있는 곳도 있었습니다. 특별한 취미가 없는 저는 여러 곳의 산책로를 탐험했습니다. 숲이 꽤 우거진 곳이 많았기에 여자 혼자 산책하는 사람은 거의 없었고, 대부분이 개를 데리고 왔습니다. 흥미로웠던 것은 겨울인데도 반바지와 반팔을 입고 산책로를 달리는 사람도 적지 않았습니다. 밴쿠버가 한겨울에도 영상 기온이기는 하지만 참 대단하

다고 생각했습니다. 혹시 여기에는 동양인과 백인 사이에 차
이가 있다는 기초 대사량이 관여하고 있는지도 모르겠습니
다. 백인이 동양인보다 기초 대사량이 높다고 합니다.

6) **등교 : 登校(とうこう)**

　　JLPT 1급에 포함되는 고급 한자어입니다. 반대말은 '下校
(げこう, 하교)'입니다. '登校(とうこう)'가 들어가는 대표적인
한자어는 '集団登校(しゅうだんとうこう, 집단 등교)'입니다.

　　일본에서 첫째가 초등학교에 다닐 때입니다. 등교 풍경이
대단히 흥미로웠습니다. 집 근처에 사는 아이들이 정해진 시
간에 특정한 장소에 모여서 함께 줄을 지어 등교했기 때문입
니다. 대략 15명 전후입니다. 아이들의 안전을 생각하기 때
문이라는 것은 충분히 이해합니다. 하지만 여기에서도 일본
인의 집단주의 문화를 엿볼 수 있었습니다. 이 집단주의 문화
에 대해서는 윤영희도 『아날로그로 꽃피운 슬로육아』(서해
문집, 2014년 168쪽)에서 저와 동일한 견해를 보였습니다.
밴쿠버에서 둘째 아이가 초등학교에 다닐 때도 등교 풍경이
재미있었습니다. 일본처럼 무리를 지어 등교하는 모습은 전
혀 없었습니다. 아이들은 걷거나 자전거를 타거나 킥보드를
타면서 등교했습니다. 또는 부모의 자동차로 학교까지 오기
도 했습니다. 특히 자전거를 타는 아이들은 비가 오나 바람이
부나 눈이 오나 자전거로 등교했습니다.

7) **이국적 : 異国的(いこくてき)**

　　가장 잘 쓰는 표현에 '이국적인 분위기' 곧 '異国的(いこく

てき)な雰囲気(ふんいき)'가 있습니다.

　일본에서 생활할 때 이국적인 분위기는 역시 목조 주택이 많다는 것이었습니다. 그리고 간판 등에 일본어 한자와 일본어 문자(히라가나와 가타카나)가 항상 보인다는 점이었습니다. 밴쿠버의 이국적인 분위기는 무엇보다도 머리카락 색과 눈동자 색이 다른 다양한 이민자가 공존하고 있다는 것이었습니다. 파란색과 초록색 등의 다양한 색의 눈동자를 가까이에서 볼 수 있었다는 것도 신기한 체험이었습니다. 목조 주택이 많다는 것과 주택과 건물에 큰 유리 창문이 많다는 것도 빠트릴 수 없습니다. 당연한 말이지만 로마자 표기를 여기저기서 자주 볼 수 있었다는 점도 참신한 풍경이었습니다.

8) **인도계** : インド系(けい)

　'インド'는 'indo'라고 읽습니다.

　일본에 가면 온천에 자주 갔었습니다. 지방에 있는 온천에는 일손이 부족하여 외국인을 적지 않게 고용하는데, 제가 갔던 벳푸(別府)에 있는 온천에는 인도계 근로자가 있었습니다. 밴쿠버에 와서 놀랐던 것은 인도계 이민자가 상당히 많다는 것이었습니다. 캐나다가 영연방에 들어가고, 인도가 영국 식민지였다는 역사적 사실을 고려하면 충분히 이해가 갑니다. 인도의 북서부에 있는 펀자브주의 사람들이 캐나다로 주로 이주했다고 합니다. 영어를 사용하기 때문입니다. 이들은 피부색만 다를 뿐 외모만 보면 흔히 말하는 백인과 크게 다르지 않다는 인상을 받습니다.

9) **노래 : 歌(うた)**

　　JLPT 4급에 들어가는 기본 한자입니다. '노랫소리'는 '歌声(うたごえ)'이고, '자장가'는 '子守歌(こもりうた)'입니다.

　　일본에서 공부했던 시기는 제1차 한류 이전이었기에 한국 노래가 크게 인기를 끌지는 않았습니다. 한석규 주연의 몇몇 영화가 주목을 받는 정도였습니다. 캐나다에는 휘슬러라는 유명한 스키장이 있습니다. 동계 올림픽도 개최했던 곳입니다. 밴쿠버에 있을 때 한번 가 본 적이 있었습니다. 캐나다인이 운영하는 현지 투어에 참가했었는데, 관광버스에 올라탔더니 운전을 담당했던 캐나다인이 한국의 K팝을 듣고 있었습니다. 놀라움과 반가움을 느꼈습니다.

10) **인간미 : 人間味(にんげんみ)**

　　잘 쓰는 표현입니다. '인간미가 없는 사람' 곧 '人間味(にんげんみ)がない人(ひと)' 있습니다.

　　일본에서는 상대방에게 한턱 내는 문화가 없습니다. 한턱을 내면 오히려 '배려 없는 무례한 행동'(유영수 『일본인 심리상자』 한스미디어, 2016년, 155쪽)이 될 수도 있습니다. 각자 부담이 기본입니다. '각자 부담'을 '割(わ)り勘(かん)'이라고 합니다. 생일날 초대를 받으면 상대방에게 선물을 가져갑니다. 생일을 맞은 주인공과 초대받은 친구들이 함께 외식할 때도 각자 부담입니다.

交歡(こうかん) 교환, 交際(こうさい) 교제, 外交(がいこう) 외교, 交代(こうたい) 교체, 話(はなし) 이야기, 子供(こども) 아이, 私情(しじょう) 개인감정, 道(みち) 길, 現金(げんきん) 현금, 現金取引(げんきんとりひき) 현금 거래, 現金売買(げんきんばいばい) 현금 매매, 社会(しゃかい) 사회, 原始社会(げんししゃかい) 원시 사회, 文明社会(ぶんめいしゃかい) 문명 사회, 福祉社会(ふくししゃかい) 복지 사회, 地域社会(ちいきしゃかい) 지역 사회, 携帯電話(けいたいでんわ) 휴대폰, 大型(おおがた) 대형, 大型(おおがた)トラック 대형 트럭, 小型(こがた) 소형, 散策路(さんさくろ) 산책로, 散歩(さんぽ) 산책, 登校(とうこう) 등교, 下校(げこう) 하교, 集団登校(しゅうだんとうこう) 집단 등교, 異国的(いこくてき) 이국적, 雰囲気(ふんいき) 분위기, インド系(けい) 인도계, 歌(うた) 노래, 歌声(うたごえ) 노랫소리, 子守歌(こもりうた) 자장가, 人間味(にんげんみ) 인간미, 割(わ)り勘(かん) 각자 부담

이(移)

상호 존중의 이민 사회

❀

　1997년에 삿포로에 처음 갔을 때 예기치 못한 풍경을 많이 접했습니다. 공항 근처에는 흡연실이 있었는데, 20대로 보이는 여성이 40대~60대 정도로 보이는 남성들과 함께 담배를 자연스럽게 피우고 있었습니다. **공원**[1)]에서는 30대로 보이는 여성이 유모차에 아이를 두고 태연하게 흡연했습니다. 대학 연구실 풍경입니다. 연구실에 지도 교수가 와도 대학생과 대학원생은 인사도 없이 자신이 하던 일만 했습니다. 교수가 없는 곳에서는 교수에 관한 뒷담화도 자주 했습니다. 교수와 대학원생이 같이 **술**[2)] 한잔하러 가면, 여자 교수는 남자 대학원생에게 술을 따라 주느라 정신이 없었고, 상대방에게 제때 따라 주기 위해 눈치를 보는 것 같았습니다. 일본은 첨잔을 하기에 적당한 타이밍에 상대방에게 술잔을 따라 주기 위해서는 신경을 써야 하기 때문입니다. 연구실에서 공부하다 보면 동료 여성 대학원생이 저에게 직접 원두커피를 내려서 따라 주기도 했고, 자신이 손수 만들었다는 빵이나 케이크를 접시에 담아서 주기도 했습니다. 이때 일본 남성 대학원생은 "○○는 친절하니 시집 잘 가겠다."라고 말했고, 이 말을 들은 일본 여학생은 부끄러운 듯 얼굴을 붉히곤 했습니다. 동거 문화도 시민권을 얻은 지 오래된 듯해서 동거에 관한 이야기도 여기저기서 흔하게 들렸습니다. 한국에 관한 관심과 인식은 지금과는 비교가 되지 않을 정도로 적어서 "한국에는 자전거가 있나요?"라는 질문도 받은 적이 있었습니다.

제가 직접 경험한 이와 같은 사례는 지역에 따라 다를 수 있고, 대학 분위기나 전공 특성에 따라서 얼마든지 다를 수 있습니다. 또한 이런 풍경 중 지금은 보이지 않게 된 것도 있을 수 있습니다. 다만 유교 문화가 일상생활에 깊숙이 스며들어 있던 당시의 한국 유학생인 저에게는 위에서 열거한 사례가 **문화 충격**[3]으로 다가왔습니다.

〈옮길 이(移)〉

의미: 옮기다

음독: 【い】

移転(いてん) 이전, 移動(いどう) 이동, 移住(いじゅう) 이주, 移植(いしょく) 이식

훈독: 【うつす】 타동사

席(せき)を移(うつ)す 자리를 옮기다. かぜを移(うつ)す 감기를 옮기다

【うつる】 자동차

会社(かいしゃ)を移(うつ)る 회사를 바꾸다, かぜが移(うつ)る 감기가 옮다

유학생일 때 한국어 통번역 아르바이트를 자주 했습니다. 어느 날의 일입니다. 새로 문을 연 양로원에 가서 한국어 **통역**4)을 한 적이 있었습니다. 양로원 시설이 훌륭해서 많이 놀랐습니다. 그런데 더 놀라웠던 것은 거기서 생활하는 노인 숫자가 너무 많았다는 것이었습니다. 생각해 보니 거리에서도, 대학의 도서관에서도 노인들로 넘쳐났습니다. 또한 TV에서는 '日系人(にっけいじん, 일계인)' 곧 일본에서 브라질 등의 라틴아메리카로 이주했던 이민자의 후손을 **역이민**5)으로 받아 줬다는 방송도 자주 나왔습니다. 일본은 1994년경에 이미 고령사회로 진입했고, 2007년에는 65세 이상 인구가 20%에 도달해 초고령사회에 진입했습니다. 제가 목격했던 일본은 '고령사회'의 풍경이었던 것이었습니다.

캐나다는 2025년에 초고령사회가 됐다고 합니다. 65세 이상 인구가 적지 않다는 것을 말합니다. 출산율도 저조하여 2023년에는 여성 1인당 합계 출산율, 곧 여성 한 명이 가임 기간에 낳을 것으로 예상되는 평균 자녀 수는 1.26명이었다고 합니다. 캐나다가 이민에 적극적인 이유는 초고령사회에 **저출산**6)이 맞물린 결과입니다. 따라서 지속적인 경제 성장을 하기 위해서는 캐나다는 이민과 출산율을 함께 고려해야 할 상황입니다. 그런데 저는 연구년 때 대학에 있는 가족 기숙사에서 생활했었습니다. 20대가 대다수인 특수한 환경에서 지냈던 것입니다. **대학**7) 캠퍼스는 젊음으로 넘쳤기에 자기 자신도 대학생이라는 착각에 빠질 정도였습니다. 평소에는 캐나다가 고령사회 혹은 초고령사회라는 것을 거의 느끼지 못했습니다. 65세 이상의 캐나다인은 교외의 공원이나 농장 그리고 휴양지 같은 곳에 가야 만날 수 있었기 때문입니다.

2025년 초봄에 귀국했습니다. 정겨운 거리 **풍경**[8]을 만끽했습니다. 캐나다도 좋았지만, 한국은 더욱 좋았습니다. 한국어로 말할 수 있다는 것이 너무 편했습니다. 다만 공기의 질이 좋지 않다는 것은 심각한 문제였습니다. 좋은 공기를 마시는 것은 사치가 아닙니다. 국민이 누려야 하는 인권이며 기본권입니다. 캐나다에 가기 전에는 단 한 번도 생각해 보지 못했던 인식입니다. 연구년을 통해서 얻은 귀중한 경험 중 하나는 이것이라고 생각합니다.

그런데 공기의 질만큼, 아니 그것보다 더 심각할 수도 있는 문제가 있다는 것을 깨닫게 됐습니다. 65세 이상의 인구가 많다는 사실입니다. 한국은 2024년에 이미 65세 이상 인구가 20%에 도달해 초고령사회에 진입했다고 합니다. 이 평범한 사실을 한국에 있던 2024년에는 깨닫지 못했습니다. 20대가 넘치는 밴쿠버의 캠퍼스 생활을 했기 때문에 절실하게 느끼게 된 사실입니다.

누구나가 알고 있듯이 한국은 초고령 및 저출산 사회입니다. 이시형은 『이시형의 신인류가 몰려온다』(특별한서재, 2022년)에서 초고령을 맞이한 사람들을 신인류라고 정의했습니다. 가 보지 않은 100세 시대라는 길을 인류가 처음으로 간다는 뜻에서 적절한 서명이라고 생각합니다. 인류가 초고령으로 가고 있다는 것은 어쩔 수 없습니다. 하지만 저출산은 다릅니다. 물론 유시민은 『나의 한국현대사』(돌베개, 2014년, 289쪽)에서 저출산은 희소성을 높여 인간의 존엄성을 증가하게 한다고 했습니다. 그런 측면도 있다고 생각합니다만, 현재와 같은 한국 사회 시스템과 경제를 운영하기 위해서는 **출산**[9] 장려가 필요하다고 생각합니다. 황상민은『한국인의 심리코드』(추수밭, 2011년, 225쪽)에서 출산 보조금으로 저출산 문제가 해결되지 않을 것이라고 지적하면서, 결혼 생활과 짝에 대한 우리의 생각을 바꿔야 한다고 말합니다. 예를 들어 북미와 유럽의 선진국에서는 출생아 중에서 30%~60%에 이르는 신생아가 혼인 관계 밖에서 태어났다고 합니다(한경 JOB&JOY, 2024년 10월 4일자). 황상민의 언급과 OECD 국가의 이런 사례를 종합적으로 고려해 보면 '비혼 출산'을 보는 우리의 관점도 다시 생각해 볼 여지가 없지는 않은 것 같습니다. 이와 동시에 이민자를 적극적으로 받아들이지 않으면 안 될 것 같습니다. 이민자 수용을 생각할 때 캐나다의 **이민 정책**[10]은 참고할 만한 사례가 될 수 있다고 생각합니다.

더 알고 싶은 일본어 한자어

1) **공원** : 公園(こうえん)

　　　JLPT 4급에 해당합니다. '어린이 공원'은 '児童公園(じどうこうえん, 아동 공원)'이고, '국립 공원'은 '国立公園(こくりつこうえん)'입니다.

　　　일본에 갔을 때 어디를 가더라도 작은 공원이 반드시 있었습니다. 아이들이 놀기 좋아하는 놀이기구도 있었습니다. 신선한 충격이었습니다. 어린이와 가족에 친화적이라고 생각했습니다. 밴쿠버에 갔더니 여기도 여기저기에 어린이와 가족을 위한 공원이 있었습니다. 일본과 다른 점이 있다면 잔디까지 잘 조성되어 있었고, 규모가 큰 편이었습니다. 또한 놀이기구가 좀 달랐습니다. 일본에서는 볼 수 없었던 집라인 (Zip line) 같은 것도 있었고, 원숭이들이 좋아할 것 같은 기구도 많았습니다. 여기서 노는 아이들을 관찰해 보니 모두 체조선수 유망주 같았습니다. 캐나다가 어린이들에게 얼마나 노는 것과 체력 증진에 힘을 쏟고 있는지 엿볼 수 있었습니다. 예전과 달리 한국도 작은 공원을 잘 조성하고 있습니다. 일본이나 캐나다와 비교해도 손색이 없을 정도라고 생각합니다.

2) 술 : 酒(さけ)

JLPT 2급에 해당합니다. 보통 'お酒(さけ, 주)'라고 말합니다. '日本酒(にほんしゅ, 일본주)'라고도 말할 수 있습니다. '독한 술'은 '強(つよ)い酒(さけ)'이고, '술에 취하다'는 '酒(さけ)に酔(よ)う'입니다.

일본에서는 술자리에서 먼저 맥주를 한 잔씩 하고, 그다음부터는 자신이 좋아하는 술을 시켜 먹는 경향이 있습니다. "우선 맥주부터 하고."를 일본어로 "とりあえず、ビール。"라고 합니다. 'ビール(bi-ru)'는 맥주를 말하며 영어 'Bier'의 일본식 발음입니다. 그리고 2차, 3차를 가다가 라면이나 우동으로 그날의 술자리를 마치곤 합니다. 계산은 회비로 하거나 1/N을 합니다. 술자리에서 도중에 먼저 실례를 해도 전혀 문제가 없습니다. 회비만 제대로 내면 됩니다. 밴쿠버에 있을 때 저를 초대해 준 아시아학과 교수들과 함께 술자리를 가진 적이 있었습니다. 제가 손님이어서 그런지 저에게는 회비를

받지 않았습니다. 다만 식사나 안주 비용은 받지 않았지만, 술값은 받는다고 했습니다. 일본과 캐나다의 술자리 문화를 살펴보면 한국과 다른 점이 눈에 띕니다.

3) **문화 충격**: 文化的衝擊(ぶんかてきしょうげき)

　'文化(ぶんか, 문화)'는 JLPT 3급에 들어갑니다. '文明開化(ぶんめいかいか, 문명개화)'의 약자로도 씁니다. '衝擊(しょうげき, 충격)'는 JLPT 1급에 들어가는 고급 한자어입니다. '문화 충격'은 일본어로 '文化的衝擊(ぶんかてきしょうげき, 문화적 충격)'라고 말할 수 있고, 영어 'Culture Shock'을 받아들여 'カルチャーショック(karutya syokku)'라고도 할 수 있습니다.

　일본에서 생활하다 보면 유교가 일상화된 한국인이기 때문에 받는 문화 충격과 서로 간에 상식이 달라서 받는 문화 충격이 있습니다. 전자는 앞에서 많이 언급했기에 후자의 사례를 보겠습니다. 예컨대 연예인이 나오는 프로그램에서 상대방의 머리를 때리면서 서로 웃는 모습은 한국인의 상식과 매우 다르다고 생각합니다. 캐나다에서 받은 문화 충격은 다문화 사회 및 이민 사회 그리고 캐나다의 경제 구조에서 오는 것이 많았습니다. 캐나다가 영연방에 속해서인지 영어를 쓰는 밴쿠버에는 영국 문화의 영향이 짙게 드리워져 있었습니다. '피시앤칩스(Fish and Chips)' 같은 음식 문화가 대표적입니다. '캐나다의 고유 음식 문화란 무엇인가?'를 생각하게 했습니다. 또한 캐나다는 일본이나 한국과 달리 제조업이 별로 발달하지 않았습니다. 대표적인 기업이라면 레깅스를 파는 룰루레몬 정도입니다. 캐나다 경제는 금융업과 함께 석유나 전기 그리고 목재 등을 미국 등에 수출하는 것으로 이루어져 있다고 해도 과언이 아닙니다. 지정학적으로 어쩔 수 없는 부분도 없지는 않지만, 미국 경제에 지나치게 종속되어 있었습니다. 그러기에 미국 대통령 트럼프는 캐나다를 조롱하면서 미국의 51번째 주(州)가 되라고 말하는지도 모릅니다.

4) **통역** : 通訳(つうやく)

　　JLPT 2급의 한자어입니다. '영어 통역'은 '英語(えいご)の通訳(つうやく)'이고, '동시통역'은 '同時通訳(どうじつうやく)'입니다.

　　일본에 있을 때 통역 아르바이트를 자주 했습니다. 일본어를 한국어로 통역할 때 느끼는 어려움은 일본어를 한국어로 옮기는 데 있지 않습니다. 일본의 언어문화를 한국어로 옮기는 것이 어렵습니다. 일본어 화자는 단정적인 화법을 잘 쓰지 않습니다. 따라서 말하는 사람의 의도와 맥락 등을 잘 살펴봐야 합니다. 캐나다에서는 제가 직접 통역할 기회는 전혀 없었습니다. 영어가 부족했기 때문입니다. 대신에 휴대폰의 통역 기능을 활용한 적은 몇 번 있었습니다. 어느 날 약국에서 전화가 왔었는데 받지 못했습니다. 그러자 약사는 원어민이 평소 말하는 속도로 저에게 전할 내용을 휴대폰에 녹음해 놓았습니다. 나중에 몇 번을 반복해서 들어도 의미를 전혀 알 수 없었습니다. 그때 휴대폰의 통역 기능을 활용하여 도움을 받았습니다. 앞으로는 외국어를 배우고, 일상생활에서 외국어를 사용할 때 AI의 도움을 어떻게 활용할 것인가가 중요하게 될 것 같습니다.

5) **역이민 : 逆移民(ぎゃくいみん)**

역이민이라는 것은 이주를 위해 해외로 나갔던 사람이 본국으로 다시 돌아오는 것을 말합니다. 일본인은 한국인과 달리 지금은 이민을 가지 않습니다. 예전에는 하와이 등의 북미나 브라질 같은 남미 등으로 일본인이 이민했던 역사가 있었습니다. 예컨대 밴쿠버의 리치먼드라는 곳에는 스티브스톤(Steveston)이라는 마을이 있습니다. 이곳은 연어 통조림 공장으로 유명했었는데, 이 공장에는 일본에서 이민으로 온 사람이 많았다고 합니다. 지금도 일본 문화가 많이 남아 있는 이유입니다. 캐나다인은 좋은 일자리를 찾기 위해 미국으로 가곤 합니다. 같은 직종이라고 해도 미국의 급여가 상대적으로 매우 높기 때문입니다. 그런 이유 때문인지 캐나다인뿐만이 아니라 캐나다에 이민으로 온 이민자조차도 캐나다에 정주하는 것이 아니라, 최종 목적지는 미국이라고 말하는 사람이 적지 않습니다. 밴쿠버에서 지낼 때 한국에서 온 이민자 혹은 이민을 오려는 사람들을 온라인과 오프라인을 통해 적지 않게 만났습니다. 이민 오고 싶은 이유 중에 큰 부분을 차지하는 것은 아이의 영어 교육과 한국의 경쟁 교육을 피하고 싶다는 것이었습니다. 전자라면 뭐라기 말하기 어렵지만, 후자라면 우리가 합심하면 해결할 수 있지 않을까요? 초고령과 저출산으로 국가의 존재 자체가 위협을 받는 상황에서 해외로 나가는 이민자가 많다는 것은 인구 감소뿐만이 아니라 국가의 부(富)도 함께 빠져나가는 것을 의미합니다. 예를 들어 영국 투자이민 컨설팅 업체인 헨리앤드파트너스와 자산 정보업체 뉴월드웰스의 '가장 부유한 50대 도시' 연례 보고서에 따르면, 2024년 12월 기준으로 서울에 사는 백만장자 수는 6만 6천 명을 기록하여 1년 전 8만 2천 5백 명보다 크게 줄었다고 합니다(YTN, 2025년 4월 11일자). 급감한 것에는 환율이 나빠졌다는 것도 작용했겠지만, 부자의 해외 유출이 더 근본적인 원인이라고 생각합니다. 실제로 밴쿠버에 있을 때 한국의 중산층 이상의 사람들이 그들의 자산은 정리하여 이민 오는 경우를 종종 목격했습니다. 반대로 해외로 나갔던 이민자가 다시 한국으로 돌아오는 사례도 있습니다. 대체로 의료 혜택과 노후의 외로움 때문이라고 합니다.

6) **저출산 : 少子化(しょうしか)**

일본에서 1992년부터 사용한 한자어라고 합니다. 대표적인 용례로는 '少子化対策(しょうしかたいさく, 소자화 대책)'가 있습니다. '저출산 대책'을 말합니다. '少子化(しょうしか)'와 늘 한 쌍을 이루는 말로 '高齢化(こうれいか, 고령화)'가 있습니다.

2023년 일본의 합계 출산율은 1.20명이었다고 합니다. 저출산을 막기 위해 여러 장려책과 더불어 이민도 고려하고 있는 것 같습니다. 하지만 일본의 이민 정책은 '단일 민족 신화'

를 기반으로 한 동화 정책이라고 말하지 않을 수 없습니다. 한계가 뚜렷한 정책입니다. 이창민이 『지금 다시, 일본정독』(더숲, 2022년, 285쪽)에서 일본은 다문화 공생 사회로 가야 한다고 말하는 이유도 여기에 있습니다. 2023년 캐나다의 출산율은 1.26명이라고 합니다. 일본보다는 높지만, 절대적으로 높다고는 보기 어렵습니다. 이민을 적극적으로 받아들이고 있는 이유입니다. 잘 알려져 있듯이 캐나다의 이민 정책은 이민자가 가지고 있는 각각의 고유문화를 살려서 모자이크 패턴을 만드는 다문화주의를 추구하고 있습니다. 다만 토론토와 밴쿠버 인구의 10%가 인도계라는 통계가 있듯이, 인도계 이민자의 급증과 그들이 다산(多産)하는 경향이 있다는 것은 추후 사회 문제가 될 수도 있을 것 같습니다. 2023년 한국의 출산율은 0.72명이었습니다. 일본이나 캐나다보다 더 심각합니다. 이민을 받아들일 수밖에 없습니다. 하지만 한국도 일본 못지않게 단일 민족 신화가 뿌리 깊습니다. 최근에 최재천도 『숙론: 어떻게 마주 앉아 대화할 것인가』(김영사, 2024, 60쪽)에서 한국인이 단일 민족 신화를 가지고 있다고 말합니다. 조국도 『보노보찬가』(생각의나무, 2009년, 157쪽)에서 생물학적 의미에서 단일 민족은 존재하지 않는다고 말합니다. 그런데 박노자가 『주식회사 대한민국』(한겨레출판, 2016년, 165쪽)에서 '단일 민족'이라는 말을 처음 쓴 것은 이광수라고 말했듯이, 한국의 단일 민족 신화는 일제강점기에 한민족의 정체성을 찾기 위해 만들어진 신화일 가능성이 큽니다. 한국인이 가지고 있는 단일 민족 신화는 한국인이 이민자를 수용하는 것에 부정적으로 작용할 수 있습니다. 민족적 혹은 인종적 우월주의 또는 국수주의로 나아가기 쉽기 때문입니다. 단일 민족 신화는 이민자가 한국인이 되는 데에도 부정적이라고 생각합니다. 또한 주택에 들어가는 비용, 교육비 및 사교육비, 과도한 경쟁 사회, 일자리 부족(박혜란 『모든 아이는 특별하다』 나무를심는사람들, 2019년, 8쪽) 등도 인구를 늘리는 데 어려움을 주고 있습니다. 결국 이런 어려움은 사회적 합의를 통해 해결할 수밖에 없다고 생각합니다.

7) **대학 : 大学(だいがく)**

　　JLPT 4급에 해당하는 기본 한자어입니다. '의과 대학'은 '医科大学(いかだいがく)'이고, '대학 시절'은 '大学時代(だいがくじだい, 대학 시대)'입니다.

　　일본은 4월이 신학기이고, 10월이 2학기입니다. 일본에서 대학 축제를 몇 번 경험했습니다. 대학 축제는 '大学祭(だいがくさい, 대학제)'라고 부릅니다. 주점이 있고, 게임 등을 한다는 점에서 한국의 대학 축제와 다른 점이 별로 없었습니다. 캐나다는 9월이 신학기입니다. 연구년으로 있던 브리티시컬럼비아대학교에서 대학 축제를 봤습니다. 눈에 띄는 차이점은 주점이 없었고, 술을 마시지 못한다는 점이었습니다.

8) **풍경 : 風景(ふうけい)**

　　'시골 풍경'은 '田舎(いなか)の風景(ふうけい)'이고, '전원 풍경'은 '田園風景(でんえんふうけい)'입니다.

신호등의 풍경에 관해 이야기하고 싶습니다. 일본의 횡단보도에서는 새소리와 같은 음성이 나오는 경우가 흔합니다. 캐나다의 횡단보도에서도 새소리는 아니지만 대체로 음성이 나옵니다. 한국도 그런 점에서는 크게 다르지 않습니다. 하지만 최근에 한국에서 스마트 횡단보도가 크게 늘고 있다는 점은 주목할 만합니다. 또한 자동차가 우회전할 때, 일본과 캐나다에서는 운전자가 주의를 기울여 우회전해야 합니다. 한국도 마찬가지입니다만, 다른 점은 한국에서는 디지털 안내판의 도움을 받으면서 우회전하는 곳이 점차 늘고 있다는 점입니다.

9) **출산 : 出産(しゅっさん)**

JLPT 1급에 들어가는 고급 한자어입니다. '출산율'은 '出産率(しゅっさんりつ)'이고, '출산 예정일'은 '出産予定日(しゅっさんよていび)'입니다.

일본에서는 유모차가 있으면 지하철이나 버스를 타기 어렵다고 말합니다. 주위의 눈치를 보기 때문입니다. 이에 대해서는 안민정도『일본엄마의 힘』(황소북스, 2015년, 17쪽)에서 저와 비슷한 이야기를 합니다. 좀 극단적인 예일 수는 있지만, 어린아이와 함께 비행기를 탈 때 아이에게 수면제를 먹이는 일도 있다고 합니다. 아이가 울면 민폐를 끼치기 때문입니다. 일본에서도 아이를 키우기에 쉽지 않은 환경이 있는 것입니다. 밴쿠버에서 연구년을 보내는 교수 중에는 유치원생 정도의 아이를 동반한 가족이 있었습니다. 그들의 고민은 아이를 맡길 곳도 별도 없고, 아이를 맡기면 적지 않은 비용이 발생한다는 것이었습니다. 한국도 아이 키우기가 쉽지는 않지만, 일본이나 캐나다와 비교해 보면 장점도 적지 않은 것 같습니다.

10) **이민 정책** : 移民政策(いみんせいさく)

일본의 이민 정책은 동화 정책입니다. 캐나다의 이민 정책은 '모자이크'라고 말할 수 있습니다. 다문화주의입니다. 이민자들이 자신의 정체성과 문화를 간직한 채 조화를 이루는 것을 목표로 하기 때문입니다. 이점이 미국이 지향하는 용광로 또는 멜팅 팟(Melting Pot)과 다른 점입니다. 용광로 혹은 멜팅 팟은 다양한 문화를 가진 사람들이 섞여 하나의 동일한 문화를 만들어가는 것을 의미합니다. 그렇다면 한국은 어디로 가야 할까요? 심각하게 고민할 때가 왔다고 생각합니다. 일본과 캐나다 그리고 미국의 실정을 잘 파악하면서 동시에 한국이 지향하는 이상적인 방향성을 정할 필요가 있습니다. 하나의 대안으로 상호적 다문화주의를 제안하고 싶습니다. 캐나다는 다문화주의라고 합니다. 즉, 선주민의 문화와 영국과 프랑스의 문화 그리고 새로운 이민자들의 문화가 공존하는 것입니다. 나쁘지는 않습니다. 상호 존중과 배려가 있기 때문입니다. 하지만 여기에는 문화 간의 대화와 소통이 충분하지 못합니다. 대화와 소통을 통해 국가의 정체성을 새롭게 만들어 가는 것이 중요합니다. 그 한계를 극복할 수 있는 것이 상호적 다문화주의라고 생각합니다.

移転(いてん) 이전, 移動(いどう) 이동, 移住(いじゅう) 이주, 移植(いしょく) 이식, 山(やま) 산, 高(たか)い 높다, 背(せ) 키, 公園(こうえん) 공원, 児童公園(じどうこうえん) 아동 공원, 国立公園(こくりつこうえん) 국립 공원, 文化的衝撃(ぶんかてきしょうげき) 문화 충격, 文明開化(ぶんめいかいか) 문명개화, 通訳(つうやく) 통역, 同時通訳(どうじつうやく) 동시통역, 逆移民(ぎゃくいみん) 역이민, 少子化(しょうしか) 저출산, 少子化対策(しょうしかたいさく) 저출산 대책, 高齢化(こうれいか) 고령화, 大学(だいがく) 대학, 医科大学(いかだいがく) 의과 대학, 大学時代(だいがくじだい) 대학 시절, 大学祭(だいがくさい) 대학 축제, 風景(ふうけい) 풍경, 田舎(いなか) 시골, 田園風景(でんえんふうけい) 전원 풍경, 出産(しゅっさん) 출산, 出産率(しゅっさんりつ) 출산율, 出産予定日(しゅっさんよていび) 출산 예정일, 移民政策(いみんせいさく) 이민 정책

심(心)

엘리트의 덕목

❖

　일본에서 약 8년간 머물면서 박사 학위를 했습니다. 20년도 더 된 옛날 일입니다. 귀국한 이후에는 **일본인 아내**[1]를 만났습니다. **일본학과**[2]에 취직하여 교육과 연구 등을 20년 가까이 이어가고 있습니다. 코로나19와 같은 특수한 상황을 제외하면, 여름 방학과 겨울 방학을 활용하여 거의 매년 일본에 두 차례 이상은 다녀왔습니다. 아내가 일본인이기에 **장인**[3]과 장모를 포함하여 일본인 인척(姻戚)도 많이 생겼고, 짧은 기간이기는 했지만 첫째 아이는 일본에서 초등학교도 다녔습니다. 이렇게 일본은 제 인생의 일부가 됐습니다.

　짧지 않은 일본과의 인연 그리고 일본인과의 결혼 생활 등을 통해 다른 사람보다 일본인에 대해 많은 관찰을 할 수 있었습니다. 사이토 다카시(斎藤孝)는 『사이토 다카시의 교육력: 어떻게 가르칠 것인가』(에이케이커뮤니케이션즈, 2017년, 143쪽)에서 '一生懸命(いっしょうけんめい, 일생현명)' 곧 '열심히'라는 말로 일본인을 설명합니다. 맞는 말입니다. 일본인은 뭐든지 '열심히' 하는 데가 있습니다. 하지

만 저는 그것보다 오히려 다음과 같은 것에 더 주목하고 싶습니다. 제가 생각하는 일본인의 덕목이기 때문입니다.

첫째, 감사하는 마음입니다. 일본 여행을 하거나 그곳에서 생활하면서 일상적으로 가장 많이 사용하고 듣는 일본어에 'ありがとう' 혹은 'ありがとうございます' 또는 'どうも'가 있습니다. '고맙다', '감사하다'라는 의미입니다. 이에 대해 상대방은 'いいえ'나 'どういたしまして'를 사용합니다. '아니에요', '천만에요'입니다.

둘째, 미안하다는 마음입니다. 일본어로는 'すみません', 'ごめんなさい', 'もうしわけございません'입니다. 'ごめんなさい', 'もうしわけございません'은 사과나 사죄할 때 많이 씁니다. 좀 무거운 표현입니다. 물론 이런 사과나 사죄에 **진정성**[4]이 담겨 있지 않을 때도 있습니다. 형식적으로 말할 때도 적지 않습니다. 한편 'すみません'은 사과할 때도 쓰지만, 가볍게 양해를 구할 때 주로 씁니다. 예컨대 혼잡한 버스나 지하철 내에서 이동할 때, 상대방에게 'すみません'이라고 말하면 그것은 사과가 아닙니다. '좀 실례할게요' 정도입니다. 식당이나 레스토랑에서 주문하거나 화장실의 위치를 묻기 위해 **점원**[5]을 부를 때 쓰는 'すみません'은 '여기요' 정도의 뜻입니다. 하지만 이들 표현에는 상대방에 대한 미안함이 깔려 있습니다. 자신의 편의를 봐 주고, 자신의 요구를 들어주기 때문입니다. 물론 감사함의 의미도 들어 있기도 합니다. 일본어에서 특히 'すみません'은 한쪽에는 미안함이 있고, 또 다른 한쪽에는 고마움이 있습니다.

셋째, 겸손한 마음입니다. 일본인이 입에 달고 다니는 표현에 'おかげさま'가 있습니다. 한국어로 '덕분에'에 해당합니다. 이 'おかげさ

ま'라는 표현에는 상대방이나 세상이 베풀어 준 은혜와 도움에 대한 고마움과 더불어 자신의 자세를 낮추는 겸손함이 함께 있습니다. 물론 이것도 고마움과 겸손함이 희석되어 관용구로 사용하는 경우가 없는 것은 아닙니다.

〈마음 심(心)〉

의미: 마음

음독: 【しん】

心情(しんじょう) 심정, 心境(しんきょう) 심경, 心理(しんり) 심리, 本心(ほんしん) 본심

훈독: 【こころ】

心(こころ)とからだ 마음과 몸, 心(こころ)をみがく 마음을 닦다(수양하다), 心(こころ)がひろい 마음이 넓다

캐나다에서 생활하면서 캐나다인의 일상어에 나타난 그들의 덕목에 대해 생각해 봤습니다. 캐나다인이 가장 많이 쓰고 듣는 말은 'Thank you'와 'Sorry'입니다. 그리고 'You first' 혹은 'After you'입니다. 양보를 나타내는 '당신 먼저'라는 의미입니다. 어쩌면 이것은 영미권 화자에 해당할 수도 있습니다. 여하튼 상대방에 대한 감사의 마음은 'Thank you'에 담겨 있고, 미안한 마음은 'Sorry'에 들어 있습니다. 타인에 대한 배려는 'You first' 혹은 'After you'에 나타나 있습니다. 'Thank you'라고 말하면 'You're welcome' 등의 말이 돌아오고,

'Sorry'라고 말하면 'No problem.' 등의 답변이 돌아옵니다. 'You first' 혹은 'After you'라고 말하면 **미소**[6]와 함께 'Thank you'가 들려옵니다.

한국인의 덕목에 대해 많은 사람이 고민하고 언급했습니다. 그중에서 저에게 특히 기억에 남는 것은 언론인 홍세화, 한의사 김장하, 김누리 교수, 최재천 교수, 유시민 작가의 말입니다.

첫째, 공동체에 대한 감사의 마음입니다. 홍세화는『나는 빠리의 택시운전사』(창비, 2006년 개정판)에서 '톨레랑스(Tolerance)' 곧 '관용'의 의미를 되새기게 했습니다. 또한 그는 다른 책과 강연 등에서 프랑스의 교육을 한국에 자주 소개했습니다. 그의 언급 중에 특히 제가 주목하고 싶은 것은 프랑스 대학생들이 국가의 도움으로 학비 부담 없이 공부한 후, 그 은혜를 사회에 환원하고자 한다는 것이었습니다. 자기 능력과 재능에 대한 오만이 아니라 사회를 생각하는 마음이 느껴집니다. 공동체에 대한 감사의 마음과 환원의 실천은 한의사 김장하를 다룬 다큐멘터리 <어른 김장하>(2023년)에도 잘 나타나 있습니다. 이 다큐멘터리는 김주완의『줬으면 그만이지: 아름다운 부자 김장하 취재기』(피플파워, 2023년)를 토대로 만든 것입니다.

둘째, 타인에 대한 겸손과 존중의 마음입니다. 김누리는 최근에『경쟁 교육은 야만이다』(해냄, 2024년)를 출간하여 극단적인 경쟁이 잠재적인 **파시스트**[7]를 양성한다고 거듭 강조하고 있습니다. 또한 그는 강연과 유튜브 출연을 통해 경쟁 교육이 낳은 미성숙하고 오만한 엘리트에 대해 지적하고 있습니다. 저는 그의 언급을 통해 능력 있고 재능 있다고 생각하는 자가 그렇지 못한 타인에게 가져야 할 덕목으로 겸손과 존중이 필요하다는 것을 느끼게 됐습니다.

셋째, 양심입니다. 최재천은 『양심』(더클래스, 2025년)을 통해 한국 사회가 양심을 잃어버렸다고 강조합니다. 그는 위의 책에서 양심이란 사람이 가져야 할 기본자세라고 말했습니다. 또한 그는 『최재천의 희망 수업』(샘터, 2025년)에서 정의롭고 양심적인 삶의 공동체를 함께 만들어 갈 사회인이 필요하다고 강조합니다. 이런 사회인에 엘리트도 들어간다고 생각합니다.

넷째, 부끄러운 마음입니다. 유시민은 『그의 운명에 대한 아주 개인적인 생각』(생각의 길, 2024, 97~98쪽)에서 부끄러움을 알지 못하는 사람은 엘리트라고 부를 수 없다고 힘주어 말합니다. 앞에서 이미 예시했지만, 김장하도 다큐멘터리 <어른 김장하>(2023년)에서 부끄럽지 않은 삶을 살기 위해 부단히 노력했다고 말합니다. 그런 의미에서 그는 진정한 엘리트입니다.

물론 홍세화, 김장하, 김누리, 최재천, 유시민은 그들이 언급했던 것이 한국인에게 전혀 없다는 말은 아닐 것입니다. 있기는 하지만 부족하다는 의미라고 생각합니다. 그들이 지적했고, 혹은 그렇다고 제가 해석한 덕목은 일반 **시민**[8]에게도 필요한 것이지만, 특히 한국 사회의 소위 **엘리트**[9]에게 더욱 요구되는 덕목이라고 생각합니다.

이들 덕목에 **사족**[10]을 하나 붙이고 싶습니다. 책임감입니다. 모든 사람이 각자의 자리에서 상식적으로 생각해서 '해야 하는 것'과 '해서는 안 될 것'을 분별하는 것도 필요하다고 생각합니다. 이것을 책임감이라고 부르고 싶습니다. 제가 여기서 강조하는 덕목은 개인이 갖고자 하는 '성실이나 근면'(박경철 『시골의사의 부자경제학』 리더스북, 2006년, 337쪽)이라기보다는 사회적인 개념입니다. 로버트 파우저(Robert Fouser)는 『미래시민의 조건』(세종서적, 2016년, 197쪽)에서 한국의 국가 기반이 '민족'이 아니라 '가치관'으로 바뀌어야 한다고 역설했습니다. 그가 말하는 '가치관'은 제가 앞에서 자세히 언급했던 공동체에 대해 가져야 하는 한국인의 덕목들과 다르지 않다고 생각합니다.

더 알고 싶은 일본어 한자어

1) **일본인 아내 :** 日本人妻(にほんじんづま)

'日本人(にほんじん, 일본인)'은 '日本国民(にほんこくみん, 일본 국민)'이라고도 말할 수 있습니다. '妻(つま, 처)'는 JLPT 3급에 해당합니다. '妻(つま)'는 '女房(にょうぼう, 여방)'라고도 합니다.

약 20년 전에 일본인과 결혼했을 때의 일입니다. 한국에서 알게 된 어떤 재일 교포 교수가 저에게 "선진국 여성과 결혼해서 좋겠네요."라고 말했습니다. 뭐라고 대답해야 할지 몰랐습니다. 주변의 한국인 교수들은 "일본 여성은 남편에게 잘해 준다면서요. 상냥하고 순종적이라면서요."라고 말했습니다. 유영수도 『일본인 심리상자』(한스미디어, 2016년, 78~79쪽)에서 한국인의 약 81%가 일본 여성은 남성에 순종적이라고 생각하는 것 같다고 말했습니다. 이런 이미지는 아마도 일제강점기에 식민지 조선에서 살았던 일본 여성의 겉모습에 대한 인상에서 온 것 같습니다. 여하튼 겉으로 보면 그렇게 보일 수 있지만 사실은 반드시 그렇지 않기에 "누가 그런 말을 해요. 그건 호랑이가 담배를 피던 아주 먼 옛날이야기에서요."라든지 "제 아내는 아닌데요!"라고 단호하게 대답해 주었습니다. 적지 않은 한국인이 이렇게 일본 여성에 대해 스테레오타입(Stereotype) 곧 고정관념을 가지고 있는 것 같습니다. 최근에 한국인 남성과 일본인 여성의 국제 커플이 많이 증가하고 있다고 합니다. 국제결혼을 한 선배로서 환영한다고 말하고 싶습니다. 다만 환상을 갖지 마시길 바랍니다. 밴쿠버에 와 보니 생각보다 일본인이 많지 않았습니다. 특히 이민자는 더욱 적었습니다. 캐나다인 혹은 미국인과 결혼한 일본인 여성과 만난 적도 있지만 극소수였습니다.

2) **일본학과 :** 日本学科(にほんがっか)

일본학과는 일본어와 일본 문화를 포함하여 일본에 관한 전반적인 것을 가르치고 배우는 학과입니다. 따라서 일본만 공부합니다. 연구년으로 머물렀던 캐나다의 브리티시컬럼비아대학교에는 아시아학과가 있습니다. 여기서는 일본뿐만이 아니라 한국과 중국 등도 가르치고 배웁니다. 예컨대 일본학 전공자는 영어는 기본이고, 일본어와 한국어까지 할 수 있습니다. 한국 유학을 다녀온 학생도 적지 않았습니다. 이것이 한국에서 하는 일본 연구와 캐나다에서 하는 일본 연구의 가장 큰 차이점이었습니다. 캐나다의 대학은 아시아라는 큰 틀에서 일본을 바라보고 있었습니다.

3) **장인** : 岳父(がくふ)

'장인'은 '岳父(がくふ, 악부)' 또는 '義理(ぎり)の父(ち ち)'라고 말합니다. '장모'는 '義理(ぎり)の母(はは)'라고 합 니다.

여기에 '義理(ぎり, 의리)'가 들어가는 것이 흥미롭습니다. 이때 '義理(ぎり, 의리)'는 혈족과 같은 관계를 맺고 있다는 의미입니다. 한국어의 의형제(義兄弟)의 '의(義)'가 일본어 의 '義理(ぎり)'에 가깝습니다. 결혼 승낙을 받기 위해 상인을 찾아갔었습니다. 장인이 저에게 했던 첫마디를 지금도 잊지 못하고 있습니다. "한국 사람은 일본 사람을 싫어하고, 반일 감정도 많이 갖고 있다면서." 그때까지 장인은 한국을 단 한 번도 가 본 적이 없었습니다. 그렇다면 그는 어떻게 이런 생 각을 가지게 됐을까요? 당시의 일본 언론과 미디어 그리고 책 등의 영향 때문이라고 생각합니다. 일본인과 한국인이 가 지고 있는 상대방에 대한 인식은 자신의 직접적인 경험에서 나온 것이 아니라 대부분이 타인의 생각을 비판 없이 받아들 인 결과라고 생각합니다.

4) **진정성** : 真実性(しんじつせい)

한국어의 '진정성'은 일본어의 '真実性(しんじつせい, 진 실성)'에 가깝습니다. 예를 들어 '그가 하는 말에는 진정성이 없다'는 '彼(かれ)の言(い)うことには真実性(しんじつせい) がない'가 됩니다.

과거사에 대한 일본의 사과에 한국인은 진정성이 없다고 비판합니다. 진정성은 말에 있지 않습니다. 행동에 있습니다. 캐나다에서 9월 30일은 <진실과 화해의 날(National Day for Truth and Reconciliation)>로 연방 공휴일입니다. <진실과 화해의 날>에는 큰 의미가 담겨 있습니다. 캐나다인이 선주민의 어린이를 '문명화'라는 미명하에 강제로 부모와 격리한 후, 그들의 언어와 문화를 빼앗은 것에 대한 사죄의 의미가 있습니다. 이날 캐나다의 국민은 희생된 선주민 아이를 추모하기 위해 오렌지 셔츠를 입습니다. 희생된 아이 중에 오렌지 셔츠를 입었던 아이가 있었기 때문입니다. 이 정도까지 행동으로 옮겨도 진정성을 의심할 수 있는데, 행동이 동반되지 않는 사과에 진정성을 묻는 것은 그다지 의미가 없습니다. 그리고 제가 '진정성'에 주목하는 이유는 하태균이 『어쩌다 한국인: 대한민국 사춘기 심리학』(중앙books, 2015년, 196쪽)에서 "우리 사회에서는 사과하는 행위가 중요한 게 아니라 저 사람이 얼마나 진심으로 반성하고 사과하는 마음을 가졌는지가 중요"하기 때문이라고 말하고 있듯이, 형식적인 '말'이 아니라 '진심'이 중요하기 때문입니다. 이점이 일본과 크게 다르다고 생각합니다.

5) **점원** : 店員(てんいん)

    JLPT 3급에 해당합니다. '여자 점원'은 '女(おんな)店員(てんいん)'입니다.

    일본의 점원은 참 친절합니다. 과하다 싶을 정도입니다. 손님이 의자에 앉으면 그의 눈높이를 맞추기 위해 점원은 무릎을 꿇으면서 주문을 받기도 합니다. 목소리도 가성을 내어 손님에게 가능한 한 좋은 인상을 주고자 합니다. 캐나다에서 가끔 외식했습니다. 캐나다의 점원도 친절했습니다. 물론 캐나다는 일본과 달리 손님이 점원에게 팁을 줍니다. 그것 때문에 손님에게 친절한지도 모릅니다. 손님과 점원은 대등한 관계라는 인상을 받았습니다. 한국은 뭐라고 말하기 어려울 것 같습니다. 손님과 점원 사이에는 일본식 친절함과 캐나다식 대등함이 함께 섞여 있을 때도 있고, 상호 간에 무례할 때도 있기 때문입니다.

6) **미소** : 微笑(びしょう)

'미소'는 '微笑(びしょう)' 혹은 '微笑(ほほえ)み'라고 합니다.

일본인, 특히 일본 여성은 항상 미소 짓는 모습입니다. 보기 좋습니다. 이런 '미소'를 '愛想笑い(あいそわらい, 애상소)'라고 말합니다. 상대방에게 호감을 주기 위해 웃는 것입니다. 유영수는 『일본인 심리상자』(한스미디어, 2016년, 45쪽)에서 이런 미소를 '제패니스 스마일'이라고 명명했습니다. 일본 여성이 한국 남성에게 이런 미소를 지으면 한국 남성은 대체로 다음과 같이 착각합니다. "나에게 호감이 있나?" 저도 이런 착각을 수없이 많이 했습니다. 탁현민은 『남자 마음 설명서』(해냄, 2007년, 28~29쪽)에서 한국 남성은 한국 여성의 미소에서 상대방이 자신에게 호감이 있다고 해

석한다고 했습니다. 그것을 일본 여성에게 그대로 투영한다면 큰 착각입니다. 물론 이것은 한국 여성에게도 마찬가지일 수 있습니다. 밴쿠버에서 만난 캐나다인, 특히 캐나다 여성은 일본 여성보다는 아니지만 미소를 지을 때가 많았습니다. 한국에 와 보니 한국 여성은 캐나다 여성보다 상대적으로 더 적게 미소를 짓는 것 같습니다. 한국 여성이 미소가 적은 것에 대해 도다 이쿠코(戸田郁子) 등은 『일본여자가 쓴 한국 아줌마 비판』(현대문학북스, 2001년, 185쪽)에서 모르는 남에게 헤프게 웃음을 짓는 것은 경박한 여자라는 한국의 가치관 때문이라고 말합니다. 일리가 없는 것은 아닙니다만, 그대로 수용하기도 어렵습니다. 그것보다는 모르는 사람에 대한 개방적인 마음의 정도 차이 때문이 아닐까요? 박경철은 『시골의사의 아름다운 동행: 두 번째 이야기』(리더스북, 2005년, 157쪽)에서 마음이 표정을 만들고, 표정이 마음을 만든다고 했습니다. 곧 모르는 사람에 대한 경계심이 상대에게 미소를 짓지 못하게 한다고 생각합니다. 오히라 겐(大平健)이 『새로운 배려: 젊은 그들만의 코드』(소화, 2003년, 140쪽)에서 말했듯이 웃음만큼 문화의 차이를 느끼게 하는 것은 없는 것 같습니다.

7) **파시스트** : ファシスト(huasisuto)

    '파시즘(Fascism)'은 일본어로 'ファシズム(huasizumu)' 혹은 '結束主義(けっそくしゅぎ, 결속주의)'라고 합니다. 김누리는 앞에서 언급했던 『경쟁 교육은 야만이다』에서 한국

교육이 잠재적 파시스트를 양성하고 있다고 지적하고, 미성숙하고 오만한 엘리트를 길러낸다고 강조합니다. 그의 기준으로 본다면 일본 교육도 한국과 다르지 않습니다. 학교에서 의례를 중시한다는 점에서도 똑같습니다. 물론 캐나다도 학교 행사나 스포츠 대회 때 국기를 보면서 국가를 부르기도 합니다.

8) **시민** : 市民(しみん)

JLPT 2급에 들어가는 고급 한자어입니다. '미국 시민'은 'アメリカ市民(しみん)'입니다. 'アメリカ'는 'amerika'라고 읽습니다. '시민 운동'은 '市民運動(しみんうんどう)'입니다.

한국인은 일본이 계급 사회라는 것을 잘 모르고 있는 것 같습니다. 일본 정치인 중에 세습 정치가가 많은 것은 일본이 계급 사회이기 때문입니다. 따라서 정치권력 등 기존 권력에 대한 비판이나 저항도 적은 것입니다. 반면에 한국은 한국 전쟁으로 모든 신분제가 무너졌습니다. 그 대신 학벌이 신분제와 같은 역할을 해 왔습니다. 하지만 그것이 앞으로도 유지될지는 회의적입니다.

9) **엘리트** : エリート

엘리트(Elite)는 일본어로 '選良(せんりょう, 선량)' 혹은 '精鋭(せいえい, 정예)'라고 할 수 있지만, 'エリート(eri-to)'라고 말하는 것이 일반적입니다. 엘리트는 어떤 사회나 집단에서 뛰어난 사람을 가리키는 말입니다. 일본에서는 엘리트 관료가 일본을 움직인다고 말합니다. 한국도 크게 다르지 않

을 것 같습니다. 다만 한국에서는 엘리트가 갖추어야 할 덕목에 관한 이야기를 좀처럼 들을 수 없습니다. 현재 한국 사회가 가지고 있는 엘리트의 문제는 바로 여기에 있다고 생각합니다. 일본의 지식인인 후지와라 마사히코(藤原正彦)는 『국가의 품격』(북스타, 2006년, 109~110쪽)에서 진정한 엘리트는 문학, 철학, 역사, 예술, 과학 등의 교양을 갖추고 탁월한 세계관과 종합적 판단력을 가지면서 위기 상황에서 국가와 국민에 헌신하는 사람이라고 정의하고 있습니다. 그의 언급은 일본의 엘리트에게 요구하는 덕목입니다만, 한국인도 참고할 만한 부분은 있다고 생각합니다. 벤저민 프랭클린(Benjamin Franklin)은 13가지 덕목을 실천하고자 했습니다. 절제, 침묵, 규율, 결단, 절약, 근면, 성실, 정의, 중용, 청결, 평정, 순결, 겸손입니다. 그가 정치인이며 외교관이기도 했다는 것을 생각해 보면, 그가 지향했던 덕목은 엘리트가 갖추어야 할 덕목이기도 합니다. 엘리트는 사회와 공동체의 일원이고, 그의 능력과 재능이라는 것은 그가 속한 사회와 공동체가 있었기에 실현될 수 있었던 것입니다. 후지와라 마사히코와 벤저민 프랭클린의 지적은 지금의 한국 엘리트에게 시사하는 바가 큽니다.

10) **사족** : 蛇足(だそく)

쓸데없는 짓을 하여 결과가 잘못된 것을 이르는 말입니다. 중국 고사에서 유래했습니다. 영어로 하면 'Needless Addition' 혹은 'Something Unnecessary' 정도가 될 것 같습니다. '불필요한 첨가' 혹은 '불필요한 어떤 것'을 뜻합니다.

그런데 이 한자어를 일본어에서는 'だそく'라고 발음하고, 한국어에서는 '사족'이라고 말합니다. 저는 이 '蛇足(사족)'이라는 한자어를 통해 한국과 일본이 같은 한자 문화권이었다는 사실을 새삼 확인할 수 있었습니다. 또한 이런 공용 한자어를 앞으로 어떻게 살려 나갈 것인가에 대해 생각하게 됐습니다. 이에 대한 저의 소견은 '책을 마치면서'에서 서술하겠습니다.

일본어 한자어 체크

心情(しんじょう) 심정, 心境(しんきょう) 심경, 心理(しんり) 심리, 本心(ほんしん) 본심 一生懸命(いっしょうけんめい) 열심히, 日本人妻(にほんじんづま) 일본인아내, 日本国民(にほんこくみん) 일본국민, 女房(にょうぼう) 아내(처), 日本学科(にほんがっか) 일본학과, 岳父(がくふ) 장인, 義理(ぎり)の父(ちち) 장인, 義理(ぎり)の母(はは) 장모, 真実性(しんじつせい) 진정성, 店員(てんいん) 점원, 微笑(びしょう) 미소, 微笑(ほほえ)み 미소, 愛想笑い(あいそわらい) 붙임성 있는 웃음, 市民(しみん) 시민, 市民運動(しみんうんどう) 시민 운동, 選良(せんりょう) 선량, 精鋭(せいえい) 정예, 蛇足(だそく) 사족

책을 마치면서

시중에서 볼 수 있는 일본어 한자에 관한 교재와 참고서는 일본어 한자의 음독과 훈독을 제시한 후, 그와 관련된 예문을 들면서 무조건 외우게 하는 도서입니다. 그런 의미에서 대동소이합니다. 영어로 말하면 『VOCA 22000』같은 성격입니다. 주입식 수험 공부를 비교적 따라갈 수 있었던 성격이었기에 대학에서 일본어를 배울 때 저는 이와 같은 공부법에 그다지 문제의식을 느끼지 않았습니다. 사실 일본어 한자든 영어 어휘든 결국에는 암기할 수밖에 없다는 것은 부정하기 어렵습니다. 외워야 합니다. 왕도가 없습니다. 그러나 제 주변에는 맥락 없이 무작정 외우는 것을 싫어하거나 못하는 일본어 학습자가 적지 않았습니다. 아니, 어쩌면 이런 학습자가 저 같은 학습자보다 더 많을 수 있습니다.

기존 일본어 한자 관련 도서는 나쁜 책은 아닙니다. 다량의 일본어 한자와 일본어 한자어를 체계적으로 정리하여 일본어 학습자에게 제공하고 있다는 점에는 우수하다고 말할 수 있습니다. 그러나 단순 암기를 즐기지 않는 학습자에게는 "나는 왜 외우지 못할까? 나는 암기력이 좋지 않나 봐?"와 같은 좌절감이나 열등감을 느끼게 하기에 충분합니다. 그렇다고 서점에 진열된 일본어 한자 관련 책을 저술한 저자에게 불평할 수도 없습니다. 그들은 그들 나름대로 최선을 다해서 만들었기 때문입니다. 이들 저자에게 "좀 지루하지 않고 재미있는 일본어 한자 책을 만들 수는 없었나요?"라고 비판하면, "나도 학생 때 이렇게 배웠어요. 일본에서도 이렇게 가르쳐요? 도대체 어떻게 일본어 한자 책을 따분하지 않고 재미있게 만들 수 있나요?"라고 반문할시 모릅니다. 저는 이런 반문에 충분히 공감하고 100% 찬성합니다.

그럼에도 '일본어 한자에 관한 뭔가 새로운 책이 없을까'를 항상 고민해 왔습니다. 이런 생각을 가지게 된 데에는 저의 전공이 일본어학이 아니기 때문일지 모릅니다. 일본어학 전공자라면 일본어 한자에 너무 익숙해서 특별한 문제의식이 생기지 않을 수 있습니다. 그러나 저의 주전공은 일본 고전학입니다. 일본어학이 아니기에 '일본어 한자 학습은 원래 이런 거야.'라는 견해에 대해 그것을 인정하면서도 다른 관점을 찾아보고 싶었습니다.

그 첫 번째 작업이 2022년에 출간한 졸저『타문화 이해와 존중을 위한 일본어한자이야기』(제이앤씨. 이하,『일본어한자이야기』)입니다. 책 제목에 '이야기'를 붙인 것은 말 그대로 학습자가 에세이를 읽듯이 독서하면서 일본어 한자에 익숙해질 수 있도록 했기 때문입니다. 시간을 내어 일독해 보면 제가 말하는 의미를 이해할 수 있을 겁니다. 그렇다고 이런 노력이 반드시 성공적이었다고는 말하기 어렵습니다.

다만 저와 같은 시도도 필요하지 않을까요? 그래야 저를 비판하면서 좀 더 나은 일본어 한자 관련 도서가 나올 수 있다고 생각합니다. 『일본어한자이야기』를 출간했던 이유였습니다.

이번에 다시 일본어 한자에 관한 책을 내려고 합니다. 『일본·한국·캐나다의 문화 비교로 읽는 일본어한자산책』입니다. 이 책은 전작과 문제의식이 동일합니다. 구성도 거의 같습니다. 그러나 차이점도 있습니다. 일본어 한자에 관한 '이야기'의 전개입니다. 『일본어한자이야기』에 나오는 '이야기가 있는 일본어 한자'는 각각의 절(節)이 서로 밀접한 관련이 없는 독립된 이야기였습니다. 그러나 이번 졸저에서는 일본어 한자에 관한 이야기가 한 편의 드라마같이 밀접하게 연관되어 있습니다. 시간의 흐름대로 이어져 있습니다. 읽어 보면 이해할 수 있을 것으로 생각합니다.

이것보다 더 크고 중요한 차이점이 있습니다. 전작인 『일본어한자이야기』에서는 일본과 한국의 문화 비교에 관한 이야기 속에서 일본어 한자와 일본어 한자어에 관해 서술했습니다. 가치 판단 없이 일본과 한국의 문화를 최대한 객관적으로 바라보고자 했습니다. 하지만 '책을 내면서'에서 이미 언급했듯이 한일 문화 비교 혹은 일한 문화 비교는 어느 한쪽이 기준 혹은 중심이 되어 상대방의 문화를 열등하거나 수준이 떨어진다고 보기 쉽습니다. 혹은 거꾸로 상대방의 문화를 이상화하여 자국이 추구해야 할 모델이라고 생각하기 쉽습니다. 예를 들어 선우정은 『일본 일본인 일본의 힘: 그들에게 무엇을 배울 것인가』(루비박스, 2009년)에서 "2005년 특파원으로 도쿄에 부임한 뒤 가장 절실히 깨달은 것은 한국과 일본의 땅바닥 차이다. 가장 낮은 곳에서 국민성의 차이가 훤히 보인다. 이 차이를 극복하지 못하면 한국은 결코 일본과 같은 수준에 오를 수 없다."라고 말합니다. 일본의 인도는 잘 정비되어 있고 보기 좋은데, 한국은 그렇지 못하다는 말입니다. 한국과 일본만 비교하면 그렇게 보일 수 있습니다. 그런데 이런 구도에 제3국을 넣으면 어떻게 될까요? 연구년으로 있을 때, 밴쿠버의 인도를 유심히 살펴봤습니다. 한국과 크게 다르지 않았습니다. 이렇듯 일본과 한국, 그리고 영미권의 캐나다를 함께 놓고 한국과 일본의 문화를 비교해 보면, 한일 간의 문화적 특수성이 좀 더 객관적으로 보이기 시작합니다. 이런 새로운 모습을 본서의 여기저기에서 확인할 수 있었을 것으로 생각합니다. 한일 비교 혹은 일한 비교에서는 얻을 수 없는 성과였다고 생각합니다.

　『일본어한자이야기』와 『일본·한국·캐나다의 문화 비교로 읽는 일본어한자산책』의 출간 사이에서 저는 색다른 경험을 많이 할 수 있었습니다. 재직하고 있는 대학의 지원과 배려로 캐나다의 밴쿠버에 있는 브리티시컬럼비아대학교에서 6개월간 연구년을 보낼 수 있었습니다. 잘 알려져 있듯이 캐나다는 이민 국가이고 영어와 프랑스어를 공용어로 하는 이중 언어 사회입니다. 또한 브리티시컬럼비아대학교가 있는 밴쿠버시에는 중국계(대만과 홍콩 포함)와 한국계 그리고 일본계 등의 동양계 캐나다인이 상당히 많았습니다. 이들은 영어를 공용어로 구사하면서 중국계끼리 말할 때는 중국어로, 한국계 사이에서는 한국어로 말했습니다. 일본계도 상황은 비슷했습니다. 한국과 일본 같은 단일 언어 사회에 태어나고 자라고 교육받았던 저에게는 밴쿠버에서 경험했던 언어 환경이 너무 신선했습니다.

연구년으로 나가면서 연구 주제로 '일본어 한자'를 정했습니다. 캐나다와 같은 북미에서 일본어 한자를 어떻게 가르치고 배우며 어떤 교재를 사용하고 있는지가 너무 궁금했습니다. 살펴보니 크게 두 가지 방식이 있었습니다. 교재 중심으로 말하면 영어로 일본어 한자를 설명하는 것이 있었고, 일본에서 직수입한 교재를 활용하여 일본어로 일본어 한자를 해설하는 것이 있었습니다. '영어' 대신에 '한국어'를 넣는다면 일본어 한자 관련 교재는 한국과 다르지 않았습니다. 교수법도 특별한 것이 없었습니다. 이런 실태는 '일본어 한자'를 연구

테마로 잡은 저로서는 아쉬웠습니다.

　하지만 수확도 컸습니다. 일본어와 한국어가 공통으로 가지고 있는 '공용 한자어'를 '재발견'할 수 있었기 때문입니다. 한국인이 영어를 배우는 것은 쉽지 않습니다. 영어 화자가 한국어를 배우는 것도 마찬가지입니다. 저를 브리티시컬럼비아대학교로 초청해 준 로스 킹 교수는 한국어에 능숙합니다. 직접 보지 않고 로스 킹 교수의 한국어를 듣기만 한다면, 그가 외국인인지 모를 정도입니다. 그는 미국의 예일대학교에서 일본어와 한국어를 배우고, 하버드대학에서 한국어로 박사 학위를 마쳤습니다. 배우자도 한국인입니다. 그럼에도 한국어를 자유롭게 구사하게 되기까지 거의 20여 년이 걸렸다고 합니다. 그만큼 영어와 한국어는 먼 언어입니다. 왜 그럴까요? 잘 알려져 있듯이 어순이 다릅니다. 발성법도 같지 않습니다. 그런데 저는 이것보다도 어휘, 특히 한자어에 주목하고 싶습니다. 영어에 한자어는 없습니다. 물론 영어에 편입된 일본어도 있습니다. 초밥을 의미하는 '寿司(すし, 수사)'나 된장국(엄밀하게 말하면 좀 다릅니다만)을 가리키는 '味噌汁(みそしる, 미쟁즙)' 등이 대표적입니다. 하지만 초밥을 표기할 때 '寿司'처럼 한자를 쓸 수도 있지만 보통 'Sushi'로 나타냅니다. 된장국도 '味噌汁'이 아니라 'Miso Soup'로 적습니다.

한국인에게 일본어는 배우기 쉬운 언어입니다. 일본인에게도 한국어는 배우기 어렵지 않습니다. 다만 좀 더 엄밀하게 말하면 초급 정도까지입니다. 왜 그럴까요? 어순이 비슷하기 때문입니다. 일본어 한자와 한국어 한자의 발음이 비슷하기 때문입니다. 그런데 저는 캐나다에서 연구년을 보내면서 예전에는 그다지 신경을 쓰지 않았던 '일본어 한자어'와 '한국어 한자어'에 주목하게 됐습니다. 한국어는 한자로 구성된 어휘가 많은데, 그중에는 일본어에서 유래한 한자어가 적지 않습니다. 구한말과 일제강점기 그리고 광복 이후에 일본에서 유입된 한자어가 근대 한국어의 어휘를 구성하는 데 무시할 수 없는 역할을 했기 때문입니다. 이와 같은 '일본어에서 온 한국어'를 어떻게 바라봐야 할 것인가에 대해서는 2023년에 출간한 졸저 『경계의 언어: 우리말 속의 일본어』(박문사)에서 자세히 언급했기에 여기서는 따로 서술하지 않겠습니다.

일본어에서 유입된 일본어 한자어, 정확하게 말하면 '일본식 한자어'는 '사회(社会, しゃかい)', '철학(哲学, てつがく)', '경제(経済, けいざい)', '주식(株式, かぶしき)' 등 그 수가 헤아릴 수 없을 만큼 많습니다. 이미 한국어에서 일상어로 자리 잡은 이런 일본어에서 유래한 한자어를 국어 순화의 차원에서 모두 몰아내는 것은 쉽지 않습니다.

이 문제를 어떻게 해결할 것인가는 앞서 제시한 졸저를 참조하면 힌트를 얻을 수 있을 것입니다.

일본어 한자어 중에서 일본어와 한국어가 공통으로 가지고 있는 '공용 한자어'는 국어 순화의 관점에서 볼 수 있습니다. 하시반 여기서는 한국인 일본어 학습자의 관점에서 바라보겠습니다. 일본어와 한국어에 '공용 한자어'가 있다는 것은 영어권 일본어 학습자에게는 없는 큰 무기를 한국인 일본어 학습자가 가지고 있다는 것을 의미합니다. 중급 이상의 일본어를 구사하기 위해서는 일본어 한자어 습득이 필수불가결한데 그것을 비교적 손쉽게 손에 넣을 수 있기 때문입니다. 이런 혜택은 일본인 한국어 학습자도 마찬가지입니다.

캐나다와 달리 일본과 한국은 단일 언어 사회입니다. 하지만 일본어와 한국어에는 '공용 한자어'가 존재합니다. 지금도 서점에는 일본어 한자에 관한 교재와 참고서가 차고 넘칩니다. 그럼에도 이번에 졸저는 낸 이유는 일본어 한자, 특히 일본어와 한국어에 보이는 '공용 한자어'를 새롭게 바라보고 싶었기 때문입니다. 다시 말씀드리면 이것이 토대가 되어 이중어 교육을 통해 양국 사이에서 한국어와 일본어가 상호 간에 '공용어'로 자리를 잡는 미래의 동아시아를 담대하게 상상해 봅니다. 이것이 동아시아의 평화를 구축하고 확장해 가는 데 초

석이 될 것이기 때문입니다.

'알면 사랑한다'(최재천)는 말이 있습니다. 제 주변에는 일본을 비교적 잘 알고 있는 한국인, 한국을 비교적 잘 알고 있는 일본인이 다른 사람보다는 많은 편입니다. 그들은 보면 '알면 사랑한다'는 말이 반드시 맞지 않을 수도 있다는 생각이 듭니다. 특히 한국을 비교적 잘 알고 있는 일본인이 더욱 그렇습니다. 그럼에도 상호 존중의 출발점이 될 수 있는 것은 상대방의 언어를 배우는 것입니다. '알면 존중할 가능성이 커질 수 있다'라고 말하고 싶습니다.

참고문헌

1. 기본 자료

〈인터넷〉 나무위키 https://gamecoinkorea.tistory.com
〈유튜브 채널〉 최재천의 아마존
〈영화〉 러브레터(1999년), 기생충(2019년), 미나리(2021년)
〈다큐멘터리〉 어른 김장하(2023년)
〈신문 등〉 동아사이언스(2024년 3월 21일자), 한경JOB&JOY(2024년 10월 4
　　　　　일자), 한국경제(2025년 3월 28일자), 동아일보(2025년 4월 3일자),
　　　　　YTN(2025년 4월 11일자)
〈문학 작품〉 가와바타 야스나리(川端康成)의『설국』, 김동환의 <국경의 밤>,
　　　　　니토베 이나조(新渡戶稻造)『무사도(武士道)』, 리처드 바크(Richard
　　　　　Bach)의『갈매기의 꿈』, 오카쿠라 덴신(岡倉天心)『차 이야기(茶の
　　　　　本)』, 오자키 고요(尾崎紅葉)의『금색야차(金色夜叉)』, 조중환의『장
　　　　　한몽』, 향가 <제망매가>
〈일본 역사서〉 『고사기(古事記)』(712년)『일본서기(日本書紀)』(720년)

2. 단행본(가나다순)

강준만·오두진『고종 스터벅스에 가다: 커피와 다방의 사회사』인물과사상
　　　사, 2008년
고레에다 히로카즈(是枝裕和)『걷는 듯 천천히』문학동네, 2015년
구로다 가쓰히로(黒田勝弘)『맛있는 수다: 보글보글 한일음식이야기』지식
　　　여행, 2009년
김누리『경쟁 교육은 야만이다－김누리 교수의 대한민국 교육혁명』해냄,
　　　2024년
김재원·김지민『아이를 외국 학교에 보내기로 했다면』웅진서가, 2015년
김정운『일본열광』프로네시스, 2007년
김주완『줬으면 그만이지: 아름다운 부자 김장하 취재기』피플파워, 2023년
김필동『일본의 정체성』살림, 2005년
도다 이쿠코(戸田郁子) 외『일본여자가 쓴 한국 아줌마 비판』현대문학북스,
　　　2001년
모기 겐이치로(茂木健一郎)『이키가이: 일본인들의 이기는 삶의 철학』밝은

세상, 2018년

로버트 파우저(Robert Fouser)『미래시민의 조건』세종서적, 2016년

박경철『시골의사의 아름다운 동행: 두 번째 이야기』리더스북, 2005년

_____『시골의사의 부자경제학』리더스북, 2006년

박기현『대학교수 고위공무원의 1년 연수 잘 다녀오는 방법』비피기술거래, 2017년

박노자『주식회사 대한민국』한겨레출판, 2016년

박상현 등『세계의 고전을 읽는다-동양 문학편 1』후마니타스, 2005년

박상현『일본문화의 패턴: 일본문화를 이해하는 10가지 문화형』박문사, 2017년

_____『일본인의 행동패턴』박문사, 2019년

_____『타문화 이해와 존중을 위한 일본어한자이야기』제이앤씨, 2022년

_____『경계의 언어: 우리말 속 일본어』박문사, 2023년

박용민『맛으로 본 일본』헤이북스, 2014년

박은정『아이와 간다면, 캐나다』길벗, 2022년

박혜란『모든 아이는 특별하다』나무를심는사람들, 2019년

복거일『영어를 공용어로 삼자-복거일의 영어 공용론』삼성경제연구소, 2003년

사이토 다카시(斎藤孝)『고전 시작』디자인하우스, 2014년

_____『사이토 다카시의 교육력: 어떻게 가르칠 것인가』에이케이커뮤니케이션즈, 2017년

선우정『일본 일본인 일본의 힘: 그들에게 무엇을 배울 것인가』루비박스, 2009년

안민정『일본엄마의 힘』황소북스, 2015년

오히라 겐(大平健)『새로운 배려: 젊은 그들만의 코드』소화, 2003년

우치다 준조(内田順三)『일본정신과 무사도: 고차원적 전통 회귀로의 길』경성대학교출판부, 2012년

유시민『나의 한국현대사』돌베개, 2014년

_____『그의 운명에 대한 아주 개인적인 생각』생각의 길, 2024년

유영수『일본인 심리상자』한스미디어, 2016년

윤영희『아날로그로 꽃피운 슬로육아』서해문집, 2014년

이강룡『번역자를 위한 우리말 공부』유유, 2014년

이시형『이시형의 신인류가 몰려온다』특별한서재, 2022년

이연숙 역주『한국어역 만엽집 1』박이정, 2012년

_____『한국어역 만엽집 2』박이정, 2012년

이창민『지금 다시, 일본정독』더숲, 2022년

이희재『번역의 탄생』교양인, 2009년

임마누엘 페스트라이쉬(Emanuel Pastreich)『한국인만 몰랐던 더 큰 대한민
    국』레드우드, 2017년

조국『보노보찬가』생각의나무, 2009년

조혜정『탈식민의 시대 지식인의 글읽기와 삶읽기 2』또하나의문화, 1995년

주영하『음식전쟁, 문화전쟁』사계절, 2000년

지상현『한중일의 미의식 − 미술로 보는 삼국의 문화 지형』아트북스, 2015년

최경옥『번역과 일본의 근대』살림, 2005년

최재천『숙론: 어떻게 마주 앉아 대화할 것인가』김영사, 2024년

_____『양심』더글래스, 2025년

_____『최재천의 희망 수업』샘터, 2025년

탁현민『남자 마음 설명서』해냄, 2007년

하태균『어쩌다 한국인: 대한민국 사춘기 심리학』중앙books, 2015년

한성우『우리음식의 언어』어크로스, 2016년

홍세화『나는 빠리의 택시운전사』창비, 2006년(개정판)

후지와라 마사히코(藤原正彦)『국가의 품격』북스타, 2006년

황상민『한국인의 심리코드』추수밭, 2011년

저 자 약 력

▌박 상 현

건국대학교 사범대학 일어교육학과를 졸업했고, 일본의 홋카이도(北海道)대학교에서 역사지역문화학 전공으로 박사 학위를 받았습니다. 캐나다의 브리티시컬럼비아대학교(University of British Columbia)의 아시아학과에서 방문 학자로 있었고, 현재 경희사이버대학교 일본학과에 재직하고 있습니다. 학술적 에세이라는 글쓰기를 통해 전공에 관련된 전문 지식을 일반 독자에게 좀 더 알기 쉽게 전달하고 싶다는 바람을 가지고 있습니다. 또한 한국의 엘리트가 가져야 할 덕목에 관해 고민하고 있고, 전통적인 권위가 무너진 채 새로운 권위가 부재한 한국에 관해서도 생각하고 있습니다. 주요 저서에는『한국인에게 '일본'이란 무엇인가』(개정판『한국인의 일본관』),『일본문화의 패턴』,『일본인의 행동패턴』,『타문화 이해와 존중을 위한 일본어한자이야기』,『경계의 언어: 우리말 속 일본어』등이 있고, 번역서에는『일본 국문학의 탄생』등이 있습니다.

■ koreaswiss@khcu.ac.kr

일본 · 한국 · 캐나다의 문화 비교로 읽는
일본어한자산책

초 판 인 쇄	2025년 05월 28일
초 판 발 생	2025년 06월 04일
저　　　자	박상현
발 행 인	윤석현
발 행 처	박문사
책 임 편 집	최인노
등 록 번 호	제2009-11호
우 편 주 소	서울시 도봉구 우이천로 353
대 표 전 화	02) 992 / 3253
전　　　송	02) 991 / 1285
홈 페 이 지	http://jnc.jncbms.co.kr
전 자 우 편	bakmunsa@daum.net

ⓒ 박상현 2025 Printed in KOREA.

ISBN 979-11-7390-009-9   03700 　　　　　　　　　　　정가 20,000원